Allen Fluchtbeladenen

Bibliografische Information der
Deutschen Nationalbibliothek:
Die Deutsche Nationalbibliothek verzeichnet diese
Publikation in der Deutschen Nationalbibliografie;
detaillierte bibliografische Daten sind im Internet über
http://dnb.dnb.de abrufbar.

Verlag: BoD · Books on Demand GmbH,
In de Tarpen 42, 22848 Norderstedt
Druck: Libri Plureos GmbH, Friedensallee 273,
22763 Hamburg

ISBN: 978-3-7597-6091-3

Michael Hirle

Uferläufe

Lyrik, Herbstprosa
und Fotografie

1. Unverdautes Glück (2023)

Ein loser Pflasterstein lässt mich stolpern,
die Mauer die mich fängt, haltlos, bartlos,
zu jung, für etwas Haltung,
und doch, eine Mauer, die hält, mich hält.
Ich stürze, nicht schwer, sanft,
doch es reicht für etwas Blut.
Die Kälte und einige Kiesel drücken es sofort zurück
in seine Wunde, ein Kratzer nur,
aber er genügt, um mich zu spüren.
Ich wasche ihn im Schnee,
der noch andere Wunden bedeckt.
Der Winter ist noch nicht auskuriert,
er gräbt sich nicht nur in das,
was an seiner Brust liegt, sondern auch in das,
was sich verhüllt in seine Mitte wagt.
Die Fenster sind beschlagen, ein weiterer Vorhang
vor all den anderen Blumen mit
gesenkten Köpfen, die hinaus in die Kälte starren;
Kitsch, der – verbannt an die Fensterkante – keinen
Schritt mehr wagt, ausser man entdeckt ihn,
dann entlockt er den Betrachtenden ein Lächeln.
Mein Buch, das ich gerade noch in den Händen hielt,
liegt jetzt geöffnet auf dem Boden,
die Seiten in die Höh' gestreckt, wie ein Käfer,
der umgedreht mit dem Himmel ringt.
Das Lesezeichen ist aus seiner warmen Welt geglitten,
es dauert wohl, bis es seinen vertrauten Platz erneut
findet, vielleicht leg ich es dann auch beiseite.

Die Sätze, die mir Freude bereiteten,
wirken beim zweiten Male oftmals kraftlos und leer.
Und während ich die Seiten meines Buches inspiziere,
mich orientiere an Eselsohren,
stolpere ich erneut.
Zwei Füße abgelegt auf einem Stück Karton.
Ein wollener Mantel bis über die Knie gezogen,
ein Gebirge aus abgetragenem Stoff.
An die Mauer gelehnt,
ein in einen Schal gewickelten Kopf.
Der Schal, ein Verband für eine grosse Wunde.
Keine Augen, kein Mund, aber ein Rasseln,
das sich durch die Luft schlängelt
und hinter dem Gebirge hervorwinkt.
Ich entschuldige mich. Vielleicht zu leise,
vielleicht zu..., ich wühle in meinen Taschen,
ein paar Münzen gegen mein schlechtes Gewissen.
Ich werfe sie in den leeren Kaffeebecher,
der zwischen den Beinen klemmt,
die Münzen klingen dumpf,
als fielen sie in einen leeren Brunnen.
Ich gehe schnell weiter, ohne mich umzudrehen,
will keine Reaktion, kein Gespräch,
schon gar keinen Dank.
Als ich das Tempo wieder zügle,
berührt jemand meine Schulter.
„Ihr Buch?" Der Verband, von dem Gesicht gerutscht.
Eine Frau, vielleicht jünger, vielleicht älter als ich.
Ihr fehlen ein paar Zähne doch ihre Augen leuchten,
sind wach wie die einer Katze. „Ihr Buch?"

„Äh, ja. Aber Sie können es gerne behalten,
ich bin damit durch."

„Sie sollten es zu Ende lesen, es ist wirklich gut,
vor allem das Ende."

„Ich weiss..." Sie hält es mir entgegen,
unser beider Blicke sind auf das Lesezeichen gerichtet,
das nicht lügt.

Sie merkt, wie ich mich winde, um Ausflüchte ringe,
ich möchte es eigentlich nicht nehmen.

Ihre Hände – und meine?

Blutig, mit Kiesgesichtern,
die nicht lächeln sondern grimmig verzogen sind.

„Vielleicht wollen Sie es mir erzählen,
das Ende,
bei einer Tasse Kaffee und etwas Gebäck?"

2. Wolkenflößer

Noch ist's nicht Abend
und der Frühling unter Schnee begraben,
alle Farb' noch Knospenleise,
mir ist's als lebt' ich auf selbe Weise,
in meine Flügel eingebunden.
Ein Strick am Herze vorbeigeführt,
ganz nah,
es schlagen lässt nur halb,
nur der Blick in den Himmel,
wo alles sein könnt',
lässt mich steigen auf ein Floß,
das alle Berg' überwindt'.
An Zweigen schon die Dringlichkeit,
es dem Sommer aufzutun,
Federkleider wölben sich,
um durch die Still' zu brechen,
lauter noch als an silberfarbenen Nächten,
der Morgen,
der mit dem selben Floße fährt,
alle Hoffnung mit hinaufgenommen,
ein Ruder, das sich gegen Fluten wehrt,
die den Traum erkranken,
der mich in meinem eng geschnürten Flügelmieder,
erhält.

3. Staffellauf

Noch ist's Frühe,
Schwindel, Traumgegärtnert,
Tänze, die nicht zu End' gepflückt,
werten mir den Tag,
der heiser ist,
kaum Worte spricht,
leidet nur im Jetzt.
Wir stehen bei den Schwänen,
die uns schon Verwandte sind
und doch,
zeigen sie sich stets
außerhalb unseres Willens,
das ist's was Schönheit birgt:
das Nichtgewollte,
das uns doch beschenkt.
Das Osterfeste naht in abgezählten Tagen,
der Mond schon liegend,
in seinem Grabe,
ehe er ersteht aus überwundener Schwere.
Dies' volle Auge dann,
blickt zurück in Fülle,
das Erinnerte,
lebt weiter nur im Gefühle
und doch reicht's mich und mein Herze,
wie einen Staffelstab,
weiter an das Neue.

4. Im Frühling,

wo Fluchten mich erhielten,
nie dem Winter dienten,
Vögel sandten,
ans Fenster mir,
um Erlerntes zu beschwören,
um mich in der Still' zu bewähren,
aufzubegehren,
wenn Schatten nur mit Flucht belohnen,
mich verorten in Versuch Nummer Eins.
Im Frühling,
spür' ich meine Seel',
die mich beerbt,
die vieles von mir überlebt,
wenn Gedanken an ein Ende ziehen
und ein Körper als Antwort bleibt,
auf die Frag' ob ich einst war auf Erden,
beschriftet mit Zahlen,
auf einem wiederbeschreibbaren Stein,
ach wie viele mögen noch folgen,
ehe er wieder Berg.
Im Frühling, wo man erwartet,
Nächte mehr sind als Tage,
den Uhren ist's anvertraut,
ehe erste Seen tauen,
Wälder wieder Schatten werfen,
Farben sich ermutigen,
sich zu setzen,
auf Knospenbänke.

Wo das Licht der Sterne näher rückt,
auch die Hand des Mondes,
um im Dunkeln zu jener Gest' zu werden,
die Rückkehr spricht und
eine weitere Nacht auf Erden,
die Tag ist, anderswo.

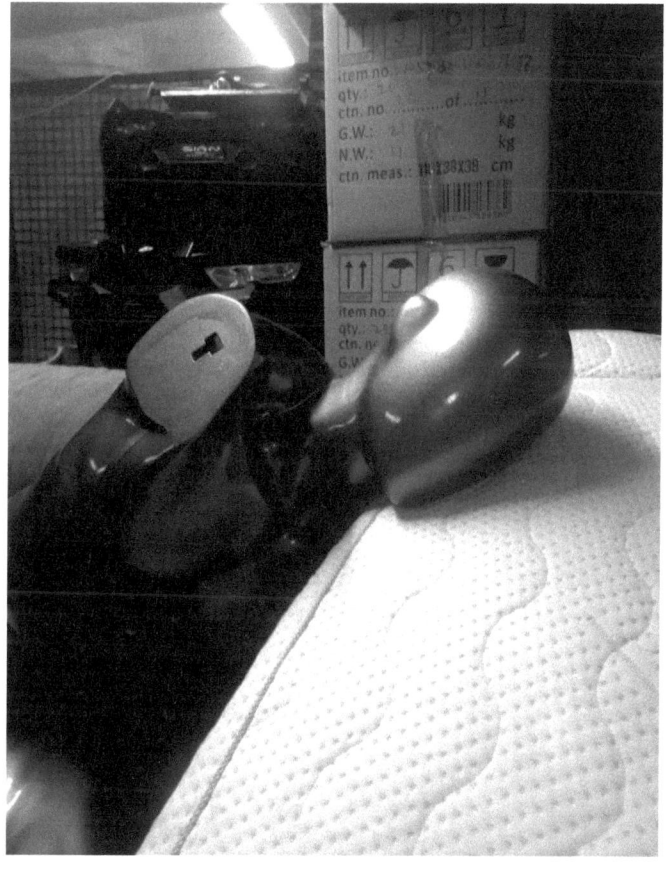

5. Wenn ein Wind

Auf dem Boden Narben,
Dinge die man zog,
ohne anzuheben,
Schwere die tiefer sank,
ungehalten,
dem Holze Augen malte,
die stetig darauf blicken,
was in ihren Höhlen stand,
schwarze Linien,
verweigern ein Porträt
und doch sind darin Gesichter,
die die Feder führen,
ein Kiesel, genügt,
um mit stumpfer Mine,
Landschaften zu zeichnen,
die nur hier sind,
so nah, als malten sie sich selbst,
ohne abzusetzen,
Einlinienpoesie,
die Teppiche verdecken.
Ein Haar an einem End' gezogen,
dorthin wo schon viele...,
sich zu einem Tier verdichten,
das dort lebt wo Ecken...,
unter meine Füße flüchtet,
wenn ein Wind...

Wenn ein Wind, noch nicht Sturm,
ehrlich ist im Leisen,
hör' ich hin.
Und wenn er Wellen nicht aus dem Meere bricht,
weil sie einer Heimkehr sicheres Geleit,
stehe ich dabei und denke,
welche Aufgab' ist die Meine,
sprich Ruder, bis mein Herze voll.
Auf dem Boden,
ein Körper, der sich nicht bewegt,
vernarbt, belebt und unbewegt,
ausgestreckt wie auf einem Kreuze,
das Anfang war und nicht End'.
Auf dem Boden,
noch nicht aufgestellt,
wo Narben sich erhalten,
Kronen abgenommen,
auf die Seit' gelegt,
damit sich ihre Form erhält.
Wenn ein Wind spricht: „atme",
wenn alle Schwere auf mich drückt,
Knie auf allen Gliedern,
es ist kein Spiel, es ist kein Spiel,
dann werde ich gehorchen,
dem Winde Fänger sein und Anfang,
Selbstversorger mit Fremdkapital,
niemals seh' ich's in Münzen,
welch' Wert mir wurd' ausgelegt,
nur das Herze sucht's zu fassen,
auf seinem Boden Heldenkratzer

und jene Schwer' die sank,
hab Dank, es ist dieselbe,
die von anderer Seit' sich entgegenstemmt,
mich erhält auf meinem Bodenkreuze,
das mir Anfang ist, nicht End'.
Wenn ein Wind,
es gut mit mir meinet,
niemals flüsternd,
die Dinge um mich,
beschreibend.

6. Fahrradschieben

Nicht mehr aufsetzen,
weil kein Weg mehr ausgefüllt,
Anstieg auf gerader Strecke,
Kegellicht, ziehst nur Schatten,
ich hoffe auf den Morgen,
der echtes Licht zu mir spricht.
Nebeltaub, beide Seiten,
spränge von irgendwoher ein Tier,
ich säh's erst, vor mir,
zu spät, um zu reagieren,
zu spät, um nicht in Grabenkämpfe
hinein zu navigieren.
Bachplätschern,
Szeneapplaus,
noch steh' ich auf der Bühne,
liegend eher,
weil's die Szene von mir will,
mein Herz zählt zu viel,
es verzählt sich nie,
ein Münzwurf lädt zum Spiel,
weiter oder...
ganz nüchtern spricht's,
die Zwillingsseiten meinen's gut mit mir,
weiter...
nur eine ausgekühlte Stirn,
auch die Gedanken dahinter,
schieben ihre Räder wieder,

ungeölte Stille,

ich hoffe Meer

und es leidet sich zurück zu Pantoffeltierchen,

einzeln, in getrennten Zimmern,

wackelig,

der Versuch auf zu wenig Rädern,

aber es reicht,

um mich von erstarrter Stell',

wegzubewegen,

Lichterkegel vorne,

ewiges Licht hinten,

ein Flattern wohl für jene,

die es sehen,

unsteter Kampf,

doch es reicht für Gegenverkehr.

7. Wilde Bienen

Sanft nur sanft,
sprichst du in Bildern,
doch mein Herze bebt,
denn du bist zugegen.
Taumelnd mein Gang,
als wär ich trunken,
die Blicke derer,
die uns nicht mit Liebe sahen,
nüchtern,
einem Lächeln nicht verbunden.
Entlass' mich nicht zurück ins Alte,
es gäbe dem Erinnern Recht,
ernenn' die Unsicherheit mir zum Pfade,
lass schüchtern sein nur das erste Tasten,
als erlernt' ich neu das Gehen.
Unsere Wärm' noch prüfen,
ob sie noch dem Feuer nah,
ehe ich die Kält' der Fremde wage,
wir umhorchen uns,
wir umfühlen uns,
die Bienen werden zahm,
sehen uns als Blüte,
mit ausreichender Süße,
nun.

8. Torlauf

An den Zäunen Grenze,
rostig ihre Hände, still ihr Gebot,
dahinter Berge,
gelehnt an erstarkte Felder,
Nebel gießt's in Gläser,
sie sind schon übervoll.
Der Himmel trägt noch Nacht,
etwas Licht ist schon hineingelegt,
mich treibt's zum Sprunge,
mich treibt's darunter,
in den Bächen rauscht's bekannt,
anders, als ich sie ließ, gestern,
als der Abend noch ins Rote brannte,
Asche von sich stieß,
Sternenglut blieb bis in die Stunde,
als sich Herzen schieden,
als trat ein Prophet in ihre Mitte,
mit erhobener Stimme,
mit erhobenem Stabe nur um sie,
geheilt zusammenzufügen.
Die Grenze, die ich fühlte,
vor der ich stand,
rostig ihre Hände,
still ihr Gebot,
lädt mich heut' zum Weiter,
entlang an aufgereihten Pfählen,
Freiheit ist's, wenn sich findt',
ein Sprung noch vor dem Tor.

9. Lichtreife

Auf Tellern, Leere,
Brot wandert durch Hände,
die Größ' bestimmt die erste Hand,
die dann, stets gleich gewandet,
Geteiltes weiterreicht,
ehe es am Tellerrande wartet,
bis sich Segensdank legt auf's Mahle.
Hölzern jene Schalen,
die zum Munde führen,
was von Sonn' und Haut umhüllt,
in den Schatten großer Fässer hineingeführt,
was dort gärte, gäret jetzt,
in meinem Herzen, Wärme.
Ein Treten vielbefußter Stunden,
bis am End' dort Reiches ist,
Herausgeführtes,
das im Dunkeln überwunden wurde,
auch die Sonn',
die sich spiegelt nun im Blute,
um von dort neue Felder zu bestellen.
Und das Brot in meinem Munde,
so lang gekaut,
bis es nur mehr Süße,
das bittere Korn herausgeführt,
aus meiner Mühle,
die auch Worte dünnt,
damit sie in anbestimmter Größe,
in dein Ohre dringen.

Dein Wort nur,

nimmt alle dem die Mühe,

ein Leichtes ist's,

wenn alle Dinge einander dienen,

nachts, noch auf dem Berge,

mit dem Blick auf dem See,

wo der Mond nicht mehr alleine,

dienet dir die Still',

selbst die Wachen dienen ihr,

neigen sich hinein in den Schlafe,

damit nur Welt ist und du

und das Gebet das gesprochen und gedacht,

das Lauteste wurd',

was je zur Welt gebracht.

10. Ebenherzig

Deine Türe,
offen, stets,
in Höhlennähe,
wo Lieder vielstimmig erklingen,
Löcher tiefer, wenn man etwas in sie wirft.
Früh morgens noch zwei Schatten,
einer, der durch die Felsen glitt,
um von drin zu öffnen,
wenn dort wieder Leben ist.
Ein Atem,
der nicht mehr durch die Lungen rinnt,
das Leben an einem anderen Ort bestimmt,
wurd' ausgesprochen, Ebenherzig,
um jedes Herz mit einem Wort zu erklimmen,
es wurd' nie ausgesprochen,
nur erinnert.
Die Felsen noch Morgenfeucht,
verwandt mit jener Quelle,
die unter ihren Füßen fließt.
Der Körper, der noch wankte und sich stützte,
glitt von dort in neues Leben,
als wären's Steine am Meeresgrund,
ein neues Wasser führet ihn,
nicht hinweg, auf den Grunde unseres Selbst.
Alles Oben nun genommen,
ein Hinein in ungefüllte Stunden,
die ihren Vorangegangenen gleichen,
im anberaumten Jetzt.

11. Schwere Vögel (2022)

Die Luft ist anders.
Du sagtest: „Besuch mich, wenn die Sonne goldener ist.
Du wirst sehen, die Stadt wird blühen,
der späte Sommer ist ihr Frühling.
Dort, wo du in den Bergen mit den Vögeln
und den Blumen Lieder singst,
die so sehr nach Gebet klingen,
weil sie randvoll mit Wundern sind,
singen hier die Menschen,
auch in ihnen ist die Freude eingesenkt.
Vergiss die Menschen nicht!"
Nein, tu ich nicht, sie wundern mich am meisten.
„Nimm deine Gitarre mit
und lass uns neue Lieder schreiben,
die alten sind schon abgetragen, ausgelebt."

Die Bahnfahrt war immer nah am Traume.
Je länger die Fahrt dauerte,
desto niedriger wurden die Berge. Hügel. Felder.
Doch die Vögel, sie kamen näher.
Gaben den Zäunen ein Lächeln.
Mit einem Flügelschlag malten sie Gesichter auf
die grellgelben Rapsfelder, die meine Augen blendeten.
In mein Buch tauchte ich nur selten.
Die Bilder, die ratternd an mir vorbeirauschten
und sich unverzüglich zu Erinnerungen wandelten,
waren stärker.

Jene Reisende, die mit mir einstiegen,
fanden längst ihre Haltestelle und jene,
die neu zustiegen, brachten neue Worte,
neue Dialekte,
mit ihnen kam die Fremde
und die Freude auf ein Abenteuer.

Am Bahnsteig: du.
Etwas Heimat in ungewohnter Kleidung.
Du trugst meine Tasche, die Gitarre trug ich selbst.
Vielleicht hatte ich Angst, die Melodien würden verloren
gehen, wenn ein neuer Ton an den hölzernen Korpus
klopft und mich dann aussperrt.
Die Tasche war viel schwerer und ich kein Gentleman.
Zu viel Ich hing noch an meinen Absätzen.
Meine Haltestelle war nicht Endstation,
doch Endstation vieler,
die dort auf den Bänken vor Müdigkeit und Hunger
nach vorne kippten, vielleicht so alt wie ich oder jünger,
die Gesichter zerknüllt vom Leben.
Weggeworfen, wieder aufgehoben, glattgestrichen,
neu beschrieben, abgebrochen, verworfen,
wieder aufgehoben...bei manchen war das Papier schon
ganz dünn und dicht beschrieben.

Deine Wohnung: ein Palast. Ich wunderte mich nicht
über die Spinnweben, die hoch oben in den Ecken wie
Flaggen wehten. Stuhl auf Tisch und ein Besen,
dann vielleicht.
Dann hättest du den Webern die Hände geschüttelt.

So war's gesünder, für euch beide. Es war kalt.
Die Wände hoch. Die Zimmer groß,
doch die Wärme des Ölofens reichte nur für einen Raum.
Ein kleiner Fernseher kritzelte ein zittriges Bild,
aber der Ton, ja, der Ton war gut.
Doch das Gesagte unwichtig und im Hintergrund.
Schön, deine Wohnung zu sehen.
Schön, dich zu sehen. Schön,
dich in deiner Wohnung zu sehen.
Die so viel Du hatte und auch manche gemeinsame
Erinnerung.
„Morgen gehen wir in die Stadt. Zieh dich warm an."
Wo ist der Frühling? Du hast ihn mir versprochen!
Golden ist hier nichts.
„Warte ab, bis du die Mitte siehst.
Sie glänzt vor allem im Dunkeln."

Der nächste Tag war trüb und neblig.
Zuerst dachte ich, es wären meine Augen.
Oder die abgelegte Nacht, die sich an die Fenster
schmiegte, die Tränen weinte,
weil innen so wenig Wärme war.
Vielleicht half ja die Dusche.
Sie stand in der Küche gegenüber vom Herd und gerade,
als ich in die Kabine steigen wollte: „Warte! Der Strom!
Geh nicht duschen, wenn der Herd an ist,
irgendwas stimmt mit den Leitungen nicht."
Ich hörte ein leichtes Schnalzen aus der Dusche,
gerade so, wie ich es von den Weidezäunen kenne.
Das anziehende Fingerschnippen eines Musikers: tanze!

Berlin Alexander Platz – oder was von ihm übrig blieb.
Ich lese ihn lieber, als dass ich über ihn gehe. Diese Stadt
hatte keine Mitte, sie hat viele. Dies kam mir aber
entgegen. Zu viel Haut, zu viele verschiedene Takte,
zu viele Blicke, zu viel Nähe...
Der Stachus ist mir eine Mutprobe, zu viel Mitte.

Die Straßen weitläufig. Viel zu sehen und doch war ich
zu müde, um das Gesehene zu behalten. Die Nacht lag
noch auf mir. „Komm schon, ein Kaffee, ´tschuldige,
ein Tee tut dir jetzt gut. Vielleicht wäre die Dusche doch
ganz belebend gewesen."
Nächster Halt Brandenburger Tor.
Aber nicht zu Fuß, bitte.

Die U-Bahn-Station wie ausgestorben.
Ein Mann schälte eine Orange mit einem
großen Messer. Die große Klinge degradierte sie zur
Mandarine. Eine Frau mit einem dicken,
braunen Mantel eilte an die Oberfläche.
Ihren kleinen Hund auf dem Arm, sein Winseln übertönt
von den Absätzen ihrer roten Stiefel.
Die U-Bahn verspätet. Wir gingen nach oben.
Eine Menschentraube um das Schaufenster einer Bank
versammelt. In einem Fernseher,
wo sonst nur der Wellengang der Börse über einen
Balken floss, flimmerten undeutliche Bilder, wir sahen
fast nichts, die Menschen standen zu dicht.
Doch sie schüttelten die Köpfe. Murmelnd.

Fast schweigend.

Die Frau mit dem Hund ging als Erstes.

Ließ ihn zu Boden, jetzt führte er sie.

Polizeiwägen und Militärfahrzeuge fuhren an uns
vorbei. Nur mit Blaulicht, keine Sirenen.

Als wären auch sie verstummt.

Für einen Moment fühlte ich mich dieser Stadt ganz
nahe. Als wäre dort etwas Altes erwacht.

Eine alte Angst, wie ein Gespenst, für jeden spürbar.

Es rüttelte am Tisch
und das Besteck fiel uns auf den Schoß.

Wir gingen zu Fuß nach Hause.

Kaum Menschen auf den Straßen.

Und die, die wir sahen, hatten es eilig oder waren jung.

Im Warum, immer der Verweis auf früher,
nicht auf das Jetzt. Viele Bilder sind wohl vergessen,
nicht aber dieser Moment.

Dein Mitbewohner öffnete uns die Tür. Kam schnell.

Der Fernseher lief. Das Bild war noch immer mit
zittriger Hand gezeichnet. Zurecht. Ein anderes wäre zu
schön für das Gesehene. Die Stimme war klar.

Das Geschehene über Jahre nicht, vielleicht auch heute
noch nicht. Schwere Vögel, die nicht in ihr Nest flogen,
sondern den Wald in Asche lachten.

Ich kam, um mit dir Lieder zu singen.

Wir sangen kein einziges.

Für mich blieb die Stadt im endlosen Herbst.

Heimfahrt: Ich umarmte die Berge.
Ich umarmte sie aus der Ferne,
denn da reichten meine dünnen Arme für ihre
ausladenden Hüften.

Dieses Jahr fahren wir wieder nach Berlin.
Und irgendwie habe ich Angst,
dass dieser Herbst über eine neue Asche waltet,
die noch ganz Wald,
doch deren erste Flamm' längst losgetreten.

Unter mir das Knirschen von Kies,
das Totenlied abgetragener Berge.

12. Der Träume Anfang

Vorangestellt, nur Lichtblindheit,
Sperriges auf Leitern,
das nicht ermüdet,
dort zu sein wohin man geht,
schon vorher,
sich über die Sprossen spannet,
damit man darüber greifet
oder sich mit Umkehr kleidet.
Es erhält sich in jener Höh',
wo schon Tiefe,
doch nicht bereit ist,
sich um mich zu kümmern,
wenn noch keine Flügel sind
und ich in Anfänge stürze.
Vollendt' nur was Wurzel hatte,
die Leiter gründt' in meinem Garten,
der stets grünet.
Wolkenmeister zeichnen zwischen Sprossen,
Stilleben ihrer Selbst.
Ich staune bei jedem meiner Schritte,
die an manchem Punkte zittern,
wenn ein Porträt überstiegen wird.
Das End' dieser Leiter,
bereit' mir Schwindel,
zugeknöpft noch,
woran sie lehnt.
Es reicht durch Monde, Sonnen, Nebel,
ein Weiter ist stets vorangestellt.

Die Tode, die mich befeuern,
die Händ' zu lösen,
damit's ein End' hat mit der Schwer',
ersterben in ihrem Willen,
wenn er unerhört.
Am Holze stets abgelegt:
Frücht' und Küss' und ein gespanntes Tuch,
in dem es sich gut ruhen lässt, Jahre,
manchmal Stunden nur,
dann zieht's mich weiter,
als zöge jemand an meiner Lebensschnur,
manchmal wankt's ganz arg,
als stünde unten jemand
und rüttele an meiner Leiter,
eine Hand, vielleicht ein Sturm,
niemand der sie zu brechen wagt,
wohl aber mit Genuss,
um zu sehen,
was nach unten fällt,
eine reife oder welke Frucht.
Ließe sich das End' auch erahnen,
es ist meiner Träume Anfang.

13. Erklär's mir nicht

Die Welt, sie ging voraus,
doch sie ist niemals auf Reise,
im Jetzt verharrt sie,
während sich ihr Wesen teilet.
Die Bäum', gebunden an ihre Wurzel,
doch ihr Ausdruck, so frei, so frei,
wie es mein Herze weitet,
an jener Stell',
wo auch die Enge waltet.
Heute sogen Himmel graue Farbe,
mir war's als streiften sie die Berg',
die von ihrer Nähe gaben,
als sie über ihre Scheitel wanderten.
Die Wasser sprechen viele Sprachen,
meinem Durste ist's die Eine.
In der Frühe Felsenkummer,
der erst vom Tage abgetragen,
am Abend dann zum Sande wird,
im besten Falle
und als welker Berg verstummt.
Die Lieb', sie spricht in Zeichen,
ihr Schönstes ist die Natur.
Die mich umfasst mit allen Wunden,
nicht fraget: woher, wohin, warum?
Ich erklär's mir nicht,
meine Seel' möcht' Wunder,
lass' mich dort,
damit ich mir gesunde.

14. Golden

Im Zweifel stets ein Retter,
gegangen, nein, ist nicht Ostern,
wir sind's, die weiterzogen,
bis wir es wieder überrunden.
Keine Wanderer heut', nur ich.
An meinem Rücken lehnt eine Kapelle,
deren Glocken nur mehr vom Wind geschlagen.
In mir toben Müdigkeiten,
die von sich erzählen
und mir die Eine, Große mildern,
die mir keine Träum' mehr lässt,
nur Schwere,
die nicht abgetragen,
auch der Still' die Würde nimmt.
Moosgrün, der sanfte Teil,
der heut' auf mich blickt,
der Raue, ist in Wangenhöhe,
eine hölzerne Kapelle,
liegt nun an meiner Wange,
unbehauen und voll mit Gesängen,
ein Gottesdienst auf dem Dache,
wo Stürm' sich drehen,
bis sie wieder Wind.
Verbraucht, alles Erb' verbraucht,
mein Herz um Almosen bitt',
es klopft sich von Tür zu Türe,
hinter deiner, weiß ich Stille.

Sandelholz lockt Bienen,
ich streichle ihre Flügel,
während sie mich abtragen,
Schicht für Schicht,
mich an ihre Füße packen,
bis ich Honiggolden in einem Sechseck schlafe,
reife, hinter Fenstern aus Wachs,
der Drang nach Süße,
wird sie wieder öffnen,
noch kühlet mich ein Flügelschlag,
wird mir zum Gesang,
in Träumen die den Schlaf mir füllen,
von dort aus,
werd' ich mich ins Menschsein wagen,
zurück, doch leise nur,
schüchtern wie ein Kind,
da es alles für sich bestimmt,
unbestimmt,
wie die Mitte einer Geschicht',
weiter wird die Süß' nicht heilen,
doch in einem anderen Mund,
oh, darf's nicht weiter sein,
die Fenster sind schon aufgeschoben,
Gold, aus meinem Fels gefühlt
und der Regen der aus seinen Waben tropft,
übervoll,
ist auch in deinem Lichte golden.

15. Wenn da Wind...

Erweitertes in Seidenpapier,
lass es Überraschung sein,
ein Viertel nur,
das sich überschneidet,
bis in meine Kindheit hinein,
die so vieles mochte
nur nicht Erwachsen sein.
Sie dehnt sich über Geflochtenes,
das schon sang, ehe die Sterne,
im Himmel,
fern von Teleskopaugen,
noch Wurzelfäden,
damit's den Blick von der Erde,
hinauf hebet.
Überall, verteilt auf offene Münder,
die mutig sind,
Höhe zu reduzieren,
ein Seufzen,
das keine Worte spricht,
das nicht mehr du ist,
nicht mehr ich,
das niemandem angehört,
nur dem Gefühlten.
Das Gestaunte,
so vorteilhaft in Wehrhaftes gelegt,
das mir Ängste untersagt,
Regenloses Farbband,
ausgestreckt zur heil'gen Brück' doppeltürig,

auf Dächern im Spagat,
in Pfützen sich zum Kreise ziehend,
sich in Spiegeln nur vollendend.
Im Erstaunen, kein Gestern lag,
Führerlos das Jetzt,
alle Weisheit hier versammelt,
der Gedanke unverletzt,
werbend nur,
behende sein Gang und stolz,
an mir vorbei,
zurück ins Unscheinbare,
ehe, die Lieb', die Lieb',
dreimal mir an's Herze klopft.
Der letzte Teil meiner Wünsche,
schon mit dir verwandt,
Lorbeeren, gelöst aus dem wilden Kranz,
nur der Moment gekrönt,
ehe er gebunden zu Verstandesgröß',
der Mauern sucht, der Mauern findet,
um sich selbst Grenz' zu sein,
damit an seinen Mauern blühet,
Weiches,
das jeden Schatten hin zum Tanze führt,
wenn da atemloser Wind.

16. Abschied werden

Ohne vorrausschauender Flamm',
nah am Docht,
wo das Blau erwacht,
wenn man es lässt,
an seiner kurzen Leine,
gefährlich nur,
wenn Dunkelheit dringlich wird und nah.
Mit Wachs spielen,
sich Fingerkuppen borgen,
ehe sie als kleine Kugeln in Tischritzen taumeln.
Heiß, bevor es schmerzt,
sich auskühlt zu einer zweiten Haut,
die sich mit jeder Bewegung schält ins alte Weich.
Ohne abzustützen ans andere Ende.
Lass es noch eine Fünf sein,
damit ich aufrunde,
in eine Höhe,
die noch nicht ins Späte zeigt.
Auf dieser Neige,
die nichts ermahnt,
nur den Blick zurück,
der schon Aschegesang,
Wesentliches wiederholt,
ohne es wiederzubeleben,
möcht' ich mich verspäten und hoffen,
dass der Wartende,
schon gegangen ist,
sein schwarzes Tuch flattern lässt,

damit es sich in einen Frühling mischt,
der Größer ist, als alles Welken,
Versehentliches nochmal Anfang wird
und Leidenschaften nicht verwildern,
wenn sich das blaue Auge schließt.

17. Insel werden

Heute Postkartenwärme,
ein Segelboot auf blauem Meere,
Ufer noch in Sicht und trotzdem weit genug entfernt,
für ein Freiheitsgefühl.
Die Sonne ist nicht zu sehen,
nur ihr gefärbtes Blau,
das so hell ist, dass es blendet,
Wolken gibt's heut' keine,
nur stehende Wärme,
die auch kein Wind durchbricht.
Die Schatten scheinen aufgebraucht,
wenn ich mich einem nähere,
duckt er sich weg, wie ein scheues Tier.
So bleib' ich in der Sonne,
mit roter Nase und roten Armen
und zu heißer Stirn.
Bis zu mir hör' ich die Wellen wandern,
die Ankunft künden und ein Wiedersehen
und wenn ich diese Karte nun zu den anderen lege,
im Schulterblick der Einstgefühle,
kann ich das Motiv noch riechen,
den Duft von feuchtem Gestein
und frischen Tomaten
und aufeinandergelegten Lippen,
die sich um die Stille kümmern,
während wir einander Insel wurden
und den Geschmack von zu süßem Wein,
der viel zu schnell getrunken,

Erinnerungen widerspricht,
die sich am Tage ansammelten und
abends im Traumsinn verschwanden,
der nun nicht mehr eingeholt und befragt..,
über unsere glücklichen Stunden.

18. Beobachter

Im Regen noch kein Plätschern,
atemlos der Gesang
und sanft wie geschnittenes Haar,
der niemandem Vorzug gibt,
nur seinem Hinab.
Rapsfelder, länglich,
von allem Oben unbeeindruckt,
lassen mich sehnen, Gelb hoffen,
auch in geringen Abständen,
Sehnsuchtswehen,
die bis ans Meere strömen,
wo Segel sind wie der Mond,
der sich dehnt,
wenn die Erd' sich von ihm entfernt.
Meine Schuhe sind schon dünngetragen,
Papier zwischen mir und Kies,
genug Raum für weitere Schritte,
zu wenig für ein fernes Ziel?
Noch lobt's mir die Nachmittage,
die anders sind als Gehen,
die mit Lautschrift Stille schreiben,
mir Bücher schon ans Grabe legen,
weil vieles ungelesen bleibt.
Die Räume die ich denke,
sind weiter als unser Wir,
das in Zweifeln Schwere findet,
wenn man ihnen nicht widerspricht.
Ich widerspreche, jetzt.

Irgendwann,
wenn alle Bücher in mein Grab geschütt'
und eine Rose oben abgelegt,
ist's ein Plätschern,
eines das die Erde löst
und auch die Tränen,
das Gelbe das ich hoffte,
wurd' längst Grün
und wenn dieses ist,
findt's nicht mehr zurück,
wo Träume noch weich sind wie Ton,
formbar,
damit das gesammelte Wir,
mehr ist als ihre Beobachter,
unter Verschluss der Ankergedanke,
der so vieles besänftigt,
wir tauschen die Schlüssel,
du bist erstaunt wie leicht sich die Türe öffnet,
ich hatte ganz anders davon erzählt.
Deine Hand ist sanft,
weil sie sanfte Worte wählt.
Eine Amsel widerspricht der Nacht,
wie schön es klingt, wie schön.

19. Anteilnahme

Im Walde stets ein Grund zu bleiben,
wenn Honiglicht vor mir spaziert,
Grün von Grün unterscheidet,
Weite wird,
auch wenn da Berge sind
und kein Meer.
Der Versuch, dort zu sein,
vor einer Tür, die ich nicht sehe,
Blütenstaub malt Puderränder,
erst wenn ich die Gläser hebe,
die wir draußen ließen,
weil ein Sturm, noch vor der Nacht
und Regen, ist er zu erkennen,
wie er sich unter gläserne Strümpfe schob
und Augen zeichnete,
die starren, Pupillenlos,
ohne Gefahr, dabei zu erblinden,
das Schöne lockt die Seel',
in den Gläsern noch der Rest von Minze,
vom Regen aufgegossen und verdünnt,
doch es duftet, als wär's noch gestern,
als wir ein Fest waren
und sich nur die Nacht in unsere Mitte wagte,
um junges Licht abzutragen,
das noch ohne Docht und Wachs,
zu unseren Herzen sprach.
Regen, der sich nicht bedauert,

um Dinge trauert,

die mir fern

und doch ist da ein Gefühl,

das er mir brachte

und die Wolkenschwere,

das Gefühl, mit einer Trän' zu schließen,

um morgen noch zu sein,

noch reichlich,

nur der Mut,

überspitzt zwischen zusammenhanglosen Sätzen,

nimmt Anteilnahme an dem was sich drängte,

eng,

das mich schliff bis auf die Innenwände,

damit ein Durchkommen ist,

bei zu dicht gemauerten Gesten,

die sich wenden und dabei Lächeln,

ohne zu verzeihen.

Am Meer stets ein Grund zu bleiben,

wenn Honiglicht vor mir spaziert,

Blau von Blau unterscheidet,

Weite wird,

auch wenn ich dort bin,

eingefasst in Elfenbeinblasser Haut,

die rote Wangen aus dem Winde zieht

und anderswo Augen zeichnet,

die starren und nicht erblinden.

Rehgefühle (2024)

Wir zählen Rehe, ich kam auf fünf.
Die Zugfahrt sparte nicht an Bildern.
Kniend jedes Bild vor dem Altar abgenutzter Sinne.
Nebel in jedem Bild, manchmal glaube ich,
er wäre schon auf meinem Auge.
Die Wälder, die sich namenlos entlang der Felder falten,
mühen sich nicht um Klarheit,
unterbrochen von morschen Zäunen,
die wohl schon viele Winter sahen
und vor ihnen in die feuchte Erde sanken,
jetzt sind sie würdig auf Augenhöhe.
Krähen oder sind's Falken,
die auf den Pfählen wie ungedrückte Knöpfe
hervorstehen und warten, warten.
Ob sie gedrückt werden, ich werde es nicht erfahren,
der Gedanke kehrt ins Schattenreich,
wie so vieles auf dieser Fahrt.
Wenige Minuten noch, dann sind dort wieder Häuser.
Dieses unnatürliche Grau, das Wehmut weckt,
dieselbe die mich auf Reisen schickte.
14 Rehe sagtest du.
Vielleicht ist es die falsche Tageszeit.
Zu hell für Mut. Irgendwo ist dann das Meer.
Ich hoffe auf Alternativen, etwas,
was man als Reh durchwinken könnte,
im schnellen Blick aus beschlagenen Fenstern.
Ich lege noch etwas Hauch darüber.
Ja, dies könnte Eines gewesen sein.
4.

So genau musst du es ja nicht wissen.
Der Zug wird langsamer, die Bilder deutlicher,
die Mogelei würde jetzt auffliegen,
zum Glück gibt es keine Zeugen,
nur ich und mein Gewissen.
Letzteres ist streng, die Vier,
ist in ihrer Gegenwart nur schwer auszuhalten.
Wir warten auf einen Gegenzug, das Feld ist offen,
der Wald ist nah und es gibt keine Zäune,
vielleicht gibt es etwas Glück, das ein Reh hervorlockt.
Kurz bevor mir ein Ruck die „Wahlverwandtschaften"
vom Schoß schiebt,
meine ich etwas zu sehen,
das mehr ist als unbewegtes Braun.
Doch, das ist meine Vier, ganz ohne schlechtes Gewissen.
Ich schlafe ein.
In einem Zug scheint sich viel Müdigkeit zu sammeln.
Ich nehme sie in mich auf, trotz Schal und dicker Jacke.
Wieder ein Ruck, diesmal einer, den ich mir selbst sandte,
schnell die Mundwinkel abtasten,
ob dort etwas Warmes … und der Blick nach links,
ob da jemand lächelt …
Vor dem Fenster eine andere Welt, eine,
die ich nicht wählte,
aber sie ist und sie ist mit Gleisen bedeckt,
Striemen vieler Sehnsüchte.
Du wartest am Bahnsteig,
als blättere sich die Welt an dir vorbei,
reglos und zart und mit einem Lächeln.
Kein Reh, aber ein Rehgefühl.
5.

21. Wärmer als Schnee

Kirschblüten,
jeder Windstoß:
Schnee,
Vertrauen.
Berge nur noch fern,
nicht mal mehr Spitze,
Felder nun,
meine Gedanken überziehen sie mit Wasser,
Meer.
Glück, nicht nur im Himmel,
jetzt, hier,
wo man Ruinen Namen gibt
und Farbe,
wo es in Steine welkt und Staub,
ins Schiefe,
ich gehe langsamer,
nur dort wo man auf mich wartet,
eile ich.
Kleine Winter,
Pfefferminztee,
eine hohle Gitarre
und doch Melodien,
die noch Berg sind,
noch nicht Meer,
ich möchte mich mir erklären,
für die Möglichkeit,
zu verstehen,

weshalb ich im Schnee lächle,

der keiner ist,

weshalb ich im Schnee weine,

der schmilzt.

Ich buchstabiere mich in Teile,

meine,

es ist gut,

wenn nicht alles...

Was wärmer ist als Schnee,

darf bleiben.

Kirschblüten,

kleben an nassen Scheiben,

Notizzettel,

Rückseiten,

unbeschrieben,

Wärme wird sie lösen,

Vertrauen.

22. Rückseiten unerlöst,

gesehen nur das Eine,
Nebel macht die Welt heut' weit,
keine Berge, nur dichte Nähe,
die das Nahe zum Begleiter wählt.
Tropfenschwere biegt die Äste,
biegt auch mich,
senkt mich auf Bodenhöhe,
bevor ich gebe was mich beschwert.
Heimat, bist nicht leicht,
bist Wurzelgewirr,
bleibst dir
und mir, in unruhigen Nachtschichten,
die dem Traume den Schlaf verbieten.
An der Angel nur ein Korken,
ich mag's wie er über's Wasser treibt,
sich senkt ohne Köder,
ich war nicht vorbereit'.
Der See malt ein freundliches Gesicht,
ich erblick' seine Rückseite nicht,
ob sich kennt, was sich verbirgt,
das Seine und das Meine,
ob's am selben Tischtuch zieht,
wenn ich meine Seit' verneine,
weil sie in Ellbogengespräche vertieft?
Stühle drehen ihre Köpfe,
ein letztes Lied,
bevor das Licht erlischt,
etwas Altes, was jeder kennt,

damit's Heimweg wird
und die Einsamkeit nicht weiter brennt,
wenn sie dort gefunden,
auf der Rückseite roher Stunden.
Die in Bodennähe erst,
zur Reife hin gesunden.

23. Streunen

Die Leere des Sturmes:
angenommen.
Er drückt mich an Häuserwände,
ich trage heute keine Schuhe,
etwas Leichtes,
gerade war noch Sonne.
Bin jetzt viele Bücher unbeschwerter,
ich treibe wieder oben,
bei dem Holz, bei dem Plastik,
die den Tod nicht fanden,
aber offene Wunden,
die ein Meer bluten,
ich öffne mir ein Ufer,
ich drehe mich mit dem Verschluss,
man muss,
ich sehe Wolken die sich essen,
bevor sie Sturm
und das Grau aus den Gesichtern ziehen
und sich damit bemalen.
Wie schön es ist, was dann kommt,
es ist nicht grau,
sondern wie das Meer,
das ich täglich umsehne
und der Sturm der dort bläst,
ist leer,
weil er den Wind schon brachte,
und das Laub
und die Blüten

und die Kälte
und das Eher,
und das Später.
Katzen streunen,
ihre Spuren sind nicht schwer genug,
für Sandaugen,
ich weiß, du bist in der Nähe,
ein feiner Wind wird folgen,
neugierig, wer du bist,
weil sie nicht scheuen,
Hand an Nase,
Hand an Fell,
der Himmel titelt Liebe,
ich löse diese Seite
und streife sie eben,
sie soll bleiben.
Du kommst mit den Katzen,
jene die du trägst,
nennst du Mond,
„sag, wie soll sie heißen,
schnell, bevor sie anderen gehorcht",
ich nenn' sie Sturm,
streunend,
wie Stürme es tun,
der Mond wird bleiben.

24. Morgenaugen,

was sie wohl in Träumen heut' erlitten?
Jetzt, wenn sie ins Neue blicken,
durch einen salzig' Film,
der noch Tränen spendet,
ganz ohne Gefühl,
ahnt es sich ins Glück
und weiß,
irgendwann will es dorthin zurück.
Ich ermittel' noch mein Gleichgewicht,
das alle Richtungen wählt,
für das Leben,
das mich am Leben ließ.
Die Zweifel sind noch leise,
wurden nicht mehr mitgeboren,
der grüne Tee spricht deutlich
und mit ihm das Gesehene,
das den Tränenflaum dressiert,
deine Augen sind noch nicht Welt,
im Kusse nicht,
im Tanze nicht,
der am Morgen noch ganz edel ist,
weil er nur tanzen möcht'.
Und dann merk' ich's in deinen Augen,
dass wir noch immer in dem Traume,
der noch nicht zu End' geträumt,
der Tee,
der sich an seinen heißen Fäden in die Höhe zieht,

damit sich Kühles darunter legt,
ist mit seiner Tass' verschwunden.
Draußen, wo gerade noch Pastell,
ist kein Draußen mehr,
ist jetzt Innen
und wenn ich mir ans Herze fass,
ist dort kein Klopfen mehr,
nur ein Singen,
es beschwört mir einen neuen Raum,
vor erneutem Verwildern,
vor erneutem Verschwinden,
der Morgen ist, oder Abend,
oder endlos' Traum,
in deinen Augen dann,
ein Spiegel, der Unendlichkeit spricht,
wenn ich mit Meinem in ihn blick'.

25. Liturgie

Teerduft,
Regen fordert Zärtlichkeit,
Barfuß schon in Gedanken,
im Aufzug, eine Katze,
die sich beschwert,
ich versuche zu verstehen,
ehe eine Frau über Treppen eilt,
Vermissen, ganz konkret.
Ich löse das Ticket ganz nach oben,
dort wo man der Sonne Kohle schaufelt,
nur ein verwaschenes Blau
und unbeholfene Schatten,
bei der Arbeit
und Stille,
die sich aus der Höh' errechnet,
Straßen rauschen,
man möchte Angeln werfen,
hinunter in das Straßengeäst,
das aus der Nähe lästig ist.
Das, was man nach oben zieht,
möchte man nicht behalten,
zurückwerfen,
jemand anderes,
braucht's wohl zum Leben,
ist Teil eines Kreises,
zu dem ich nicht gehöre.
Der Regen hier duftet anders,
es ist kein Teer,

auf dem Leben wandert,

auch keine Vögel nisten hier,

zu wenig Kanten, zu wenig Schatten.

Weite auf Stelzen,

ich nehm' die Treppen,

die Katze fehlt,

an den Wänden bunte Liturgie,

sie führt nach unten,

geschwungen, unleserlich,

nur für Eingeweihte,

sie endet auf blechernen Kästen,

wellig, ausgebeult,

wie alte Jeans,

darunter ein Kinderwagen,

gefüllt mit Zeitungen,

von Irgendwann.

Die Tür steht offen,

der Regen längst geschmolzen,

Autos so leise,

dass ich sie vergesse,

auch die Räder,

doch niemals gefahrlose Stille.

Es ist Frühling,

es blüht die Sehnsucht nach gebrochenem Stein.

Auf den Mauern, wieder Liturgie,

im Freien wirkt's wie Blasphemie,

weil etwas schöner spricht,

es sitzt auf Bäumen,

die dort hingetragen,

weil die Alten weggeschlagen,

es singt,
nichts, was ein Mensch ihnen brachte,
es wird Nacht,
es wird Tag
und manchmal duftet es nach Teer,
leidenschaftlich, ehrlich,
man möchte ihm glauben,
dass er dort endet,
wo Gebete ufern,
an den Rändern,
damit es gefährlich bleibt für Zweifel,
die so gerne wandern.

26. Vermählung

Der Frühling wusste um diesen Ort,
der verborgen lag
und ich dachte er wäre mein,
so verborgen lag er,
zwischen Feld und Hain.
Verändert war er,
als ich wieder kam,
an den Rändern Blüten schon,
wo sonst Gestein.
Auf den Ästen grüne Schleifen,
ich war versucht daran zu ziehen,
ob sich was Größeres darunter verbirgt?
Ich verstand,
ein Geschenk war es mir.
Gegeben von dem,
der den Frühling gab,
der verborgene Ort erstand,
aus seinem Grab,
feierlich
und mit neuem Namen,
der sich nun an Meinen schließt,
nicht anders möcht' ich mehr heißen,
diesen Doppelnamen schreiben,
über zu kurze Zeilen.
Verborgen noch die nächsten Monde,
auch die Sonnen die nichts erwarten,
an jenem Orte, der nun viele lädt,
sie bei ihrem Namen nennt

und in unserem Namen Willkommen heißt,
doch Stille ist,
wenn ich mit ihm allein.

27. Scherbenernte,

jedes Jahr zu anderen Zeiten,
je nachdem wie sie nicht reiften.
Unsere Scherben sind noch Glas,
gefüllt ist's schwerer zu zerbrechen,
leichter zu ertragen,
Leere, bist so nah an der Scherbe,
zeichnest ein die Risse,
mit feiner Nadel auch ein Klirren,
in kurzer Rille,
das oft lautlos, nah an der Stille.
Und schon zuvor auf Härte fällt,
ehe es mit einem Richterspruch zerschellt.
Ich mag es, wie wir träumen,
Entscheidungen justieren,
als wären sie wehrhafter,
wenn wir es nicht täten.
Ich mag den Mond, der immer schleicht,
niemanden versucht zu wecken
und doch ist er eine Katze vor dem Sprunge,
hungrig und verspielt,
an der Meeresdecke ziehend,
bis Uferfüße winken.
Ich seh' uns sitzen auf einer Bank,
die salzgeschmirgelt unter unserem Fenster wacht,
die Gläser klirren, schwerer Wein aus Süd,
Augenkontakt, der Liebe wegen,
die noch immer ist,
weil wir sie nicht aus den Augen ließen.

28. Death-Metal statt Disco (2024)

Mein erster Herzinfarkt mit Anfang 40.
Ich dachte dies war alten Menschen vorbehalten,
oder Frühgealterten deren Tage die 24 Stunden
überschritten. Der pathetische Griff ans Herz mit
aufgerissenen Stummfilmaugen lag mir fern und
rückblickend erschien er mir eher erheiternd,
wenn man ihn mit entsprechender Musik unterlegte.
Ich war mir meiner dünnen Wände nicht bewusst, die
brachen, als sich befähigte und mutige Menschen
fanden, Gelerntes oder Gehörtes umzusetzen
und mich nicht nur zurück ins Leben drückten,
sondern mir nebenbei auch ein paar Rippen brachen,
wahrscheinlich mit dem Discoklassiker
„Staying Alive" im Hinterkopf,
aber noch ein paar aufgeregte Beats hinzufügend.
Das Lachen fällt mir gerade schwer, aufgrund der
Rippen, nicht des Momentes, wie viele Menschen wohl
schon im Schatten ihres Todes,
mit den Bee Gees auf den letzten Weg geschickt wurden,
geflüsterstöhnt von fremden,
leicht panischen Menschen.

Ich erwachte in einem Krankenhaus,
ein Freund stand neben meinem Bett und ein paar
Blumen, die dort wohl schon länger standen als er.
Du hattest Glück, meinte er trocken.
Für eine zartfühlendere Begrüßung war ich zu weit
entfernt, meine Familie war 100te Kilometer entfernt

und wusste wahrscheinlich gar nichts von diesem
Vorfall, der, wenn ich es mir genau überlege,
erst einer neuen Geschichte bedarf,
für die ich nun etwas Zeit hätte.
Jene Geschichte die meine Familie nicht zu hören
bekommt ist folgende, die ich dir lieber Freund
anvertraue, weil du verstehst,
weil auch ich dich verstehe.
Schriftsteller sind Brotlos.
So hatte ich für Brot zu sorgen, weniger Brot,
als für den dazugehörigen Wein.

Am Rhein im wunderschönen Monat Mai,
wo man Erntehelfer für die kommende Saison suchte.
Ich war gerade mit einer Lesung in einer angrenzenden
Stadt. Der Wind spielte mir den Schicksalhaften Verlauf
der nächsten Wochen, sprichwörtlich in die Hände.
Vor einer Schenke, lag eine umgekippte Menütafel,
es war windig, ein eisiger Ostwind,
machte eher Lust auf einen Tee,
als auf sommerliche Trauben.
Als ich dem klapprigen Gestell wieder auf die Beine half,
bedankte sich dieses mit einem Aufruf der sich
verschnörkelt auf seinem Bauch befand: die Kreide
schon etwas verwischt, aber dennoch ausreichend
dankbar: Erntehelfer gesucht.
Die Schenke war noch finster und es roch noch nach
Gestern, nach vielen Gestern, der Wirt,
noch überfordert ob des frühen Gastes,
dessen Gesicht wohl, von seinem eigentlichen Anliegen,

einem dringenden Toilettengang, leicht angespannt
schien. Sein Gesicht nahm aber eine schnelle Wandlung
als ich ihn auf den Erntehelfer ansprach, er schrieb mir
eine Adresse auf, mit derselben geschnörkelten Schrift
wie auf der Tafel und überließ mir freundlich,
für einen Euro, seine Toilette.

Das alte Weingut befand sich auf einer Anhöhe,
das Taxi fuhr mich in Schlangenlinien nach oben, es war
eine große Schlange, dessen Opfer sich wohl in seiner
erbarmungslosen Mitte befand, denn die Straßen waren
eng und die Windungen ähnlich geschnörkelt wie die
zarte Handschrift des Wirtes, die mir den Atem raubten,
vielleicht war es auch die Geschwindigkeit des Taxis,
das mit seiner Fahrweise, einen Ausgleich zwischen
Höhe und Alter wiederherzustellen versuchte.

Ich war Einer unter Vielen, die Zimmer in einem eher
provisorischen Anbau, dessen Liebe zur Sonne und zu
Mücken spürbar war. Die Zimmer aufgeteilt nach
Geschlechtern, nicht aber die Waschräume, was nicht
nur einmal zu ungewollten Augenblicken führte.
Der erholsame Schlaf war selten und so wertvoll,
wie die gegärte Traube,
die uns täglich zu jeder Mahlzeit gereicht wurde.
Regentage waren selten und erhofft,
dann verlagerte sich die Arbeit hin zu Dingen,
die schon doppelt besetzt waren und meistens in
Regenspaziergängen meinerseits endeten,
wo sich Zeit für mein neues Buch fand,

dessen Deadline unbarmherzig näher rückte,
die es zu bezwingen galt, vorallem in den unruhigen,
überhitzten Nächten, die sich schnarchend in den Tag
fraßen.
Was ist eine Geschichte ohne Liebesgeschichte,
dass sich an diesem Ort auch eine fand, dessen Wirken
aus ernten und pressen bestand, klingt Rückblickend
konsequent natürlich.
Wo sich anfangs nur namenlose Blicke streiften, zur
Vorsicht mahnten, aber auch die schlaflosen Nächte mit
Sekundenträumen bereicherten, fanden sich am Ende,
so viel sei vorweggenommen, gebrochene Herzen.

Wo Wein und Schweiß walten,
gärt ein ganz besonderes Gebräu.
Spät nachts wenn die letzten Gespräche
und Männerwitze verklungen und die beleuchteten
Handybildschirme in die Dunkelheit zurückfielen,
suchte ich nochmal den klaren Atem eines offenen
Fensters, das sich dort befand, wo es erforderlich war,
in den Waschräumen. Dort am offenen Fenster stand in
einer Wolke aus süßlichem Rauch D.
Ihren Namen erfuhr ich gleich im ersten,
gewechselten Satz, doch hier, soll er verborgen bleiben,
nur dir mein Freund, ist er bekannt, nicht zum Schutze,
denn was gäbe es in der Lieb' zu schützen, was sie nicht
selbst nach außen trug. Ob es Liebe oder Lust war,
sollst du entscheiden.

Für eine erste Begegnung, war unser beider Aufzug nicht der Beste wohl aber der Ehrlichste. Ihr Haar zu einem Dutt gedreht und durch einen Kugelschreiber in Form gehalten, ein überlanges, schwarzes Männershirt mit einem verblichenen Bandlogo das ihr fast bis zu den Knien reichte und weiße Birkenstock, die man in Krankenhäusern trägt und die ihr Weiß schon lange verdrängten. Man spricht, was man in ersten Begegnungen so spricht und vielleicht war es der mangelnde Schlaf, der viele Wein und die nicht abklingende Schwüle in den Nächten, dass man mehr erzählte als man wollte, näher rückte, das Licht löschte um auf die Sterne zu blicken, die längst schon erloschen waren, weil der neue Tag anstand, rot, ungeduldig mit unglaublich lauten Vögelgesängen, da die Weinberge das Paradies waren, das wurde besungen! So taumelten wir schlaflos zurück in unsere Betten, wo die ersten bereits wieder an ihren Handys saßen und sich über die Ferne Nähe holten die vielen hier fehlte.

Die nächsten Tage zählten sich schneller, sie wurden begrenzter, die Zeit die auf dem Weinberg blieb, neigte sich, die Deadline hatte mir schon längst den Todesstoss versetzt, die Idee, für einen Krimi an Originalschauplätzen zu recherchieren erwies sich als kontraproduktiv, dafür war das Setting und seine Darsteller einfach zu schön. Die Nächte wurden zu Ritualen, das offene Fenster, unser fünftes Auge.

Nicht nur die Anzahl der Mückenstiche wuchs,
auch die Nähe, die uns irgendwann in einem Kuss
überschritt und die Wege freigab für jene Orte,
die unter verblichenen Bandlogos Schutz fanden.
Da es, wie es der Zufall so mochte, ich ebenso ein Band-
shirt trug, galt jene Erkundung auch für D., die nicht
minder erkenntnisreich war und neue Orte auf unseren
Landkarten erschloss.

Ob wir uns Wiedersehen werden, diese Frage wurde
zentraler, drängender, und doch wussten wir beide
sie nicht zu beantworten, das Männershirt hatte einen
Besitzer und meines, das wesentlich weniger luftig saß
und geradeso über meinen Bauch reichte, erzählte auch
eine Geschichte, die weit über die Musik hinaus reichte.
Die letzte Nacht wurde dahingehend bedeutend, da sie
in einem großen Abschlussfest endete. Von allem gab
es reichlich, auch von den Küssen, die nicht mehr im
Geheimen blieben.
Lampions und Kerzen gespannt über alte Bäume,
übermalten unsere Mückenstiche und zogen neue,
der Wirt hatte nicht nur eine schöne Schrift sondern
auch eine schöne Stimme, zwei, drei Aushilfsgitarristen
trieben sie und uns zum Tanze.

Irgendwann suchten wir jenen Ort, der unsere
Erinnerungen sammelte und dessen offenes Auge uns
am vertrautesten war. Unsere Worte waren Weintaub,
nicht aber unsere Lippen und Zungen die sie führten.
Es gibt romantischere Orte als gefliese Waschsäle, mit
flackernden Glühbirnen und kalten Böden.

Und doch sollte sich dort der Kreis schließen,
wo wir ihn begonnen hatten. Ein unsinniger Vergleich,
als ob wir wüssten, an welcher Stelle eines Kreises wir
uns befinden. Wir gingen hinaus, vor das Fenster, das
auch von dort auf uns blicken konnte, der Boden war
noch warm und zwischen den Steinen fanden sich nicht
wenige Zigarettenstummel, deren Ableben ich
beiwohnen durfte. Unsere salzige Haut schmeckte süßer,
der trockene Wein übermalte auch die salzigsten Stellen,
das kalte Licht von drinnen überließ uns den
Halbschatten, die sich um unsere wunden Stellen
kümmerten und verbargen und unseren Körpern den
Zauber ließen den wir beide erahnten, ehe wir sie nackt
einander überließen. Ausgestreckt auf unseren
ausgebreiteten Kleidern, die uns zwar die Steine spüren
ließen aber auch die Bewegungen dämpfte,
derer wir erlagen.
Ihre Brüste umschlossen meine Mitte,
die sich ihr pulsierend ergab und der bange Moment
sofort zu kommen, führte ein seltsames Parallelleben,
immer wieder fanden sich meine Küsse in ihrem Nacken
und sie meinte Zuhause würde sie sich die Haare wieder
kurz schneiden, eigentlich spielte sie schon hier mit dem
Gedanken, der großen Hitze wegen,
hatte sogar eine Schere eingesteckt,
bis ich nachts bei ihr im Waschraum stand und den
Gedanken vertagte. Dieser Gedanke trieb unsere Küsse
an, die an unser beider Atem zogen bis er nur mehr in
Stößen gelebt werden konnte.
Stöße zu denen sich unsere Körper gesellten,
sich warm ineinanderschlossen und am Glücke rieben.

Noch ehe mich mein Parallelgedanke in Gänze ergriff,
strömte etwas goldenes in meine Brust, anders mein
Freund, kann ich es nicht benennen.
Die Süße eines fremden Schmerzes, der mich sofort zu
sich zog, alle Sinne folgten. Ich erwachte im
Krankenhaus, mit der Scham des Moments,
den ich dort mit mir zurückließ, zusammen mit den
Menschen kümmernd, erschrocken,
sich an alte Discohits erinnernd.

Heute bekam ich Besuch, D. Sie lächelte und trug
kurzes Haar und weiße Birkenstock, jene die auch
Krankenschwestern tragen, sie gab mir ihr T-Shirt mit
dem verblichenen Bandlogo, es waren nicht die
Bee Gees die mir mein Leben retteten, eine Band
namens Death, die von dem Shirt.
Death Metal statt Disko.
Die Blumen die dort standen,
waren von meinem Verleger,
so ein Herzstillstand kann so ein Projekt schon mal
verzögern. Eine zweite Chance.
Eine zweite Chance.

29. Fürchten lehren

Noch ein bisschen gehen,
bis die Gedanken erblinden,
die Gespenster sehen,
bis die Füße sich um den Heimweg kümmern,
mir Neues erlauben,
ehe das Alte endet.
Die Sonne tief,
in Schattennähe,
es wird leiser,
doch nichts verstummt,
es ist immer etwas,
woran man gesundet,
wenn sich die Gedanken verzweigen,
mich umrunden,
ehe sie von allen Mühen betäubt,
vielleicht Schlaf werden,
vielleicht durchwachte Nacht,
wo ich sie dann umrunde,
kreisend, verließ ich die Umaufbahn.
Noch ein bisschen gehen,
den Gespenstern an ihrem Laken ziehen,
darunter blicken
und dann nicht erschrecken,
staunend nur bemerken,
dass das Nichts ein Meister ist,
im Fürchten lehren.

30. Unten

Auf dem Boden ohne Federkern,
auf zertanztem Parkett,
hölzerne Sternkarten,
mit eingezeichneten Koordinaten,
damit man das Besondere nicht vergisst.
Blick auf Steckdosenaugen,
Bodenleisten schlecht verlegt,
mit Raum für abgelegte Reste,
die ein Luftzug dorthin kehrt.
Schwarz lackierte Beine,
Stühle, Tisch, Klavier,
mir ist's als wären sie gewandert,
stehen anders,
als um Viertel vor Vier.
Die Decke ist mir Himmel,
Stuck hilft mir, mich zu orientieren,
weiß sind auch die Wände
und die Enge,
die mich nach Unten führt.

Keine Bilder, keine Nägel,
dieses Weiß ist unberührt.

Letztes Grün, verdorrter Pflanzen,
denen man ein anderes Leben versprach,
füllen zu große Töpfe,
ein zu kleines Kreuz,
auf einem zu großen Grab.

Jede Drehung, jedes Wenden,
nichts bleibt unkommentiert,
der Boden ertrug schon viele Tänze,
nur nicht mich
und den Versuch von Schlaf.
Ich hör' dein Husten von nebenan,
ich hoffe auf die Tür die sich öffnet,
damit Gewohntes kehret irgendwann,
damit Gewohntes kehret irgendwann.
Zu viel Schade-stoffe,
die sich im Raume lösten,
Quecksilber giftig,
wenn man sie ungeschützt berührt,
Worte die man überhörte,
treiben Segellos, kontaminiert.
Auf dem Boden Haare,
eingeklemmt, in aufgetanzten Narben,
wehen wie offene Senkel,
Fluchtfüssiger Brauch,
Strampelschritte in den Norden,
wo das Meer ist, ist mein Oben
und wo Oben ist, bist du auch.
Der Wind hält dort seine Reden,
ich mag es wie er spricht,
das Was ist mir verborgen,
ich würd' mich wundern,
wenn es nicht Liebe ist.

31. Gewitterschwimmen

Auf der Sonne Schichten von Licht,
abgezogen von abgezählten Tagen,
bis sie dann erlischt.
Noch ist Oktobersonne Ende Mai,
Katzen in den Straßen,
es ist warm und Grillen zwitschern wie Erdvögel
die Nacht herbei,
noch vor den Vögeln,
die sie nur kurz übertönen,
ehe dann Frösche den Gesang übernehmen.
Zäune sind keine hölzernen Mauern mehr,
sondern Fensterbretter für übervolle Blüten,
die darauf lehnen,
wie alte Leute.
Ich denke an die schlaflosen Nächte,
die mich betäubten
und an meinem offenen Herzen schnitten,
wo sonst ein Traum für das Vergessen sorgt,
blieb der Eingriff öffentlich.
Sie erwähnen dich,
erst nebenbei,
dann schlägt es mit Stechschmerz
und sie wissen,
wo sie ansetzen müssen.
Das Fenster gekippt,
an Sauerstoff soll es nicht mangeln,
auch nicht an Ängsten,
die mir den Magen übersäuern,

ich rede auf mich ein,
es ist nicht wie das letzte Mal,
es ist nicht wie das letzte Mal.
Ein Erwachen gibt es nicht,
nur ein Weiter
und Nachtgefärbte Gedanken,
die auch im Oktoberlicht nicht heller werden,
Taubgefühle bleiben,
die das Dunkel am besten leiten.
Bin mir See und Gewitter,
dunkles Wasser
und guter Schwimmer.

32. Rückwärts tanzen

Und ich erinnere mich,
weil andere es nicht für mich tun,
auf meiner Stirn Falten,
gedachte und erzweifelte,
gelachte und gereifte,
mein Balkon Schraubstock und Weite,
ausgerichtet nach Norden wo das Meer,
doch vor mir graue Fluchten,
gefüttert nicht mit Wellendaune,
mit Lärm,
den man feiert,
weil er lauter ist als der Eigene,
der müde macht und taub.
Die Holzhaut der Stühle,
weißgeregnet,
der Blick nach unten höher als meine Distanz
zum Schwindel,
der kurze Moment...es Könnte,
meine Hände krampfen am rostigen Gestänge,
das Tode abhält und Tauben zieht,
die sich Nester bauen im Lavendel,
der mit mir jeden Winter übersteht,
Wachsreste auf gefliestem Boden,
die jedem Regen widerstehen,
mitzugehen,
noch auf die Flamme hoffen,
die sie brachten,
an Sternnächten,

die stets auch meine Unschuld bejahen,
die ich nicht mehr anerkenne,
weil mein Richter befangen.
Ein paar Seiten noch lesen,
dann schlafen,
manchmal ist es mir dort wiederbegegnet,
dort wo es entstand,
das bildhafte Gefühl,
ein Fremder zu sein,
zwischen Wertstoffhöfen die alles nehmen
und einem Atelier das 24 Stunden besetzt,
ich kenne die Künstler nicht,
doch ich nehme jedes Bild,
zahle es in Lebensraten,
bis es dann ganz mir gehört.
Meine Stirn liegt in Falten,
Gedankentreppen,
die meine Stirn verlängern,
manchmal auch mein Leben,
weil ich es mir zurückdenke,
wenn es schon weggefühlt.

33. Geisterstunden

Staubstille liegt längs,
auf geschnitten' Licht,
in Fensterförmchen passend,
doch in meine Lücken passt's heut' nicht.
Vorhänge wehen rote Gefühle,
Schattenstiere hinten, vorne,
ihre Hörner unterzeichnen Schmerzverträge,
keine Pflaster mehr,
nur Klebestellen,
die Abrieb bescheinigen,
ich unterschreibe erneut.
Auch mit hochgekrempeltem Laken,
bleibe ich Geist in deinen Mauern,
einer von vielen,
Tauschgewitter die mich beschwören,
durch rotes Glas schielen,
das zerbrechlich ist schon bei Blicken,
ich verweile noch in Haut,
die ehrlich ist,
mich das Licht spüren lässt,
auch wenn es seitwärts fliesst
und eine Türklinke nach unten drückt,
wo Hände zaghaft lassen,
wenn es sich öffnet.

34. Ebbezeit

Leeres Meer,
bist nur mehr Wüste,
weit noch wie zuvor,
zerfranster Rand,
nicht mehr Küste,
zerklüftet wo einst unsichtbare Tiefe,
die gewillt war,
meine Träume aufzunehmen,
damals gleitend, jetzt steigend,
jetzt Mühe,
weil der Wind keine Segel mehr spannt.
Bist an Land gegangen
und wurdest selbst zu Land,
salzig noch deine Spuren,
die vor einer Türe halten,
die ich von hier nicht seh',
kein Abschied, kein Zettel, kein Adieu,
gestern Meer noch, Sehnsuchtsanker,
jetzt ein Ort wo ich Schuhe trage,
Barfuß möcht' ich sein,
doch ich ertrage nicht die Glut,
die unter meinen Schritten brütet.
Füllige Kühle,
die sich kaum erwärmte,
Muscheln brachte und den Wunsch zu bleiben,
Seufzer erntete,
die einer Umarmung gleichen,
mit dir ist's verschwunden.

Ich hoffe auf Ebbe,
eine Ewige wird's nicht sein,
ich wandere an den Rändern
und achte auf eine Türe die weint,
dahinter ahn' ich's dann,
das Meer und meine Weite.

35. Wundschaukeln

Mehrteilige Gefühle,
eines nur davon, ausgesprochen,
weil es mir gehorcht aus Eselsgründen,
mit mir flüchtet von Wort zu Wort,
ich mag es wie es mich erklärt
und doch in Unklarheit lässt,
über meine Feldversuche,
um mehr zu sein,
als ein Argument,
für nebensächliches Lob.
Pappeln pusten Watte
und Erinnerungen,
wo ein Lächeln inmitten von Tränen ruht.
Ich versuche nicht..., nicht,
alte Zeiten zu neiden,
die anders waren
und nicht weniger wund
und doch näher an dem,
was ich heute fühle,
als das,
was ich damals für sie empfand.
Heilte ich am Regen oder an den bunten Bögen,
die sich über das Überstandene spannten?
Und steh' ich dann auf dem Gewölbe,
es ist der Moment allein,
umfangen sein,
in dem was Götter schufen
und der Mensch erlitt,

aufgehoben für einen Augenblick,

der es eint

und neue Wurzeln fügt,

wo die Alten ihre kleinste Frucht verneinen.

Draußen ist Stadt,

ich fühle dennoch Stille,

die es so hier noch nicht gab,

ein Nebeneinander,

nicht Grab an Grab,

sondern ernsthaftes Rot in unseren Gläsern,

das man aus uns herausgestampft,

nicht nachgefärbt,

sondern so wie sich Seelen geben,

wenn die Stadt sie mit schmutzigen Händen fängt,

eine Mutter,

mit Kartoffelschälhänden,

die da ist,

wenn der Kinderstuhl zu Boden fällt,

weil das Schaukeln schöner ist,

als die Gefahr,

die schon hunderte Male angemahnt.

36. Vorabendwunder

Glocken schlagen heiser,
wiederholen sich,
das Gesagte, schon 300 Jahr',
ich zähle mit,
weil ich keine Uhr trage,
warte, dass mich ein Gefühl überstimmt,
mich auf den Weg zu machen,
dorthin wo man übertreibt
und ich mich untertreibe um ernsthafter zu sein,
mit dem was mich umgibt.
Auf Gondeln wo man keine Lieder mehr singt,
nur mehr Stoßwärts durch niedrige Kanäle navigiert,
die schon eingefärbt von der Tiefe,
keinen Himmel mehr spiegeln und Brücken überhöhen,
damit die Liebenden die darauf stehen,
ein Zeichen sehen,
das mit billigen Schlössern besiegelt,
Schlüssel werfen,
damit niemand mehr diese Liebe öffnet,
die mit einem Kuss verriegelt,
doch niemals die Einsamkeit besiegt,
die unter Brücken lauert,
dort, wo weggeworfene Schlüssel,
das Wasser silber färben,
Schwäne auf Quecksilber reiten,
ohne sich zu vergiften,
wohl aber den,
der oben steht

und auf einen Himmel hofft,

ohne aufzusehen,

mit der Angst,

das Schloss mitsamt dem Schlüssel zu verlieren,

bevor es angekettet,

an rostigen Stäben,

wo Streifenlose Tiger ziehen

und das vorübergehende Glück,

Vorabendwunder wirkt,

für Vorabendherzen,

die ihren inneren Blutungen nicht erliegen.

37. Möglichkeiten

Alle Monde beginnen mit Dunkelheit,
mein Auge ist schon halb,
versucht Nacht zu sein,
für eigenes Licht,
manche Träume stark beleuchtet,
manche nur Schattenspiel,
Vögel hüpfen auf Lindensprossen,
bis nah an mein Fenster,
das manchmal Unseres ist.
Erste Tropfen,
die weite Strecken verneinen,
zeichnen sich weiter,
über Teerpapier das nicht knittert,
aber dampft,
wenn noch zu viel Sonne darauf liegt,
ich lebe in Autokorrektur,
ähnliches klingt warm,
ersetzt das Erstgemeinte,
drängt mich hin zu
Hinterhofgefühlen,
die Bälle an Wände werfen,
auch nachts,
den Schlaf ersetzen,
mit Ähnlichem,
das keine Träume bringt,
aber Ängste,
die sich irgendwann,

nicht mehr von Wänden stoßen,

bleiben,

sich zu Flecken stempeln,

Feuchte tupfen,

von einem Regen,

der nicht aus Wolken,

alle Monde beginnen mit Dunkelheit,

ersetzen die Möglichkeit zu stolpern.

38. Scherben ordnen

Grober Sand,
der noch nicht klein gekaut,
von den Backenzähnen der Zeit.
Musik von Nebenan
und ein offenes Fenster,
das sie lauter werden lässt,
der erste Gedanke an Licht ist hell,
er blendet,
die Morgensonne ist noch eine Kugel im Nebel,
die schlittert,
über das Feuchte was vorsichtig ausgelegt,
trübes Auge,
in dem noch Nächte leben,
schaust schon Scherben.
Nebenan ein Lied aus Sorgen,
es ist für mich bestimmt,
ich nähere mich meiner Scherbenordnung,
erstaunt, das mir die neue Form gefällt.
Erster Zug Richtung Heimweh,
mit mir fahren viele Geister,
die sich an mir halten
um zu überleben,
rücken, schieben an meinen Scherben,
bis sie wieder Mosaik,
eines, in dem ich mich nicht mehr erkenne
und ich ordne es zurück,
täglich,
bis ich mir wieder Bild.

39. Er liebt Rot

Der Wind steht hinter Bäumen,
ich spüre seinen Blick,
wie er die Äste von sich schiebt,
um mit seinem Auge dort zu sein,
wo ich bin.
Wie unvorsichtig er doch ist,
das Laub nicht bedenkt,
wenn er in die Höhe steigt,
die manchem Vogel fremd.
Auch in den Feldern,
wo ich Schrittgräben ziehe,
bleibt er mir nicht verborgen,
wenn er Ähren biegt ohne sie zu knicken,
durch Grannen blickt,
als wären sie Wimpern
und mit dem Mohn spielt,
denn er liebt rot,
aber wenn ich mich zu ihm drehe:
Stille und ein Hauch von Flucht.
Nachts,
wenn unser Schweiß Mücken lockt,
vielleicht hoffen sie darin zu finden,
was dort von uns hineingeliebt,
spüren wir ihn über uns wandern,
neugierig
und im Vorübergehen unsere Lippen berühren,
denn er liebt Rot.

Und wenn der Mond seine Wunden zeigt,
sie mit Wolkenlaken aufdeckt und verhüllt,
dann mag es Einbildung sein,
dass er sich von uns hinwegbewegt,
hin zum verletzten Mond,
denn er liebt Rot.

40. Zuweilen engmaschig

Mein Brustkorsett schnürt sich heute eng,
mein Herz kann ich sehen,
es schlägt Regenförmig mit Tropflauten
und wenn du deinen Kopf darauf legst,
merke ich, wie dich seine Schläge heben,
mit kleinen Händen,
alle Kopfes Schwere.
Augenzustunden,
in denen ich noch Schönes umrunde,
es erhalten bleibt im Schutz meiner Wünsche,
die immer Sehnsucht sind.
Segel wehen, Sonnengegerbt,
ich mag es, wie sie mich blenden,
aus dem Traum heraus mir Grüße senden,
als sagten sie: bis bald.
Mich erhalten,
weil ich zu unvorsichtig mit ihnen bin,
sie offensiv nicht vermeide,
wenn Rostiges mich zur Arbeit bringt,
ich Kräfte von mir streife,
die stets mehr sind als die Hälfte,
Haltestellen, wie Stunden,
die sich nähern,
der Blick auf einen Wecker,
der mich nicht mehr weckt,
weil mich mein Korsett nicht schlafen lässt.
Ich erzähle dir davon,
merke wie es Enge löst,

du fährst mit dem Finger über Stellen,
die aussehen wie übereinandergelegte Wälder,
Abdrücke von Fäden in einer Negativsonne,
engmaschig, damit es die Enge hält,
...folgst ihnen bis an ihr Ende,
der höchste Punkt in meinem Maisfeldlabyrinth,
ohne Mais,
ohne Höhe,
doch ein Punkt,
der leichter ist als Schwere.

41. Zimmerpflanzen

Das Wenige, ist heute mehr,
wenig Sonne, wenig Schlaf,
ich möchte an mein Fenster gehen
und etwas anderes sehen,
als Sehnsuchtsplanken,
die sich an Wellen stoßen,
in einem immer tiefer werdenden Meer,
das keine Fische in sich trägt,
Perlen aber,
die mir vorlaut in die Sätze fallen,
sich immer wieder von ihren Ketten reissen,
damit ich von Ihnen spreche,
mich vergesse,
wenn ich aus dem Fenster blicke,
das wie ein unfertiges Bild auf seiner Staffelei steht,
abgedeckt nur mit dem Wunsch,
es irgendwann ganz zu sehen.
Der Himmel ist heute fahl,
Pastell gemischt mit Asche,
in meinem Zimmer eine Pflanze,
damit mein Gefühl des Kümmerns,
nicht verkümmert.
Die Erde ist noch feucht,
stets die Gefahr von zu viel,
die Blätter grün mit braunen Strähnen,
draußen erster Regen,
ob sie sich nach demselben sehnt,
wenn sie mit mir aus dem Fenster blickt?

Stets ein Zurück ist's,
nicht, dass wir schon einmal dort waren,
aber unsere Träume,
die uns davon erzählen,
wie schön es ist,
wenn wir auch dort sind
und niemand von uns fehlt.
Dann nehm' ich sie mit,
halte ihre Hand aus Ton,
die rauer ist als Meine
und wir suchen uns ein Fenster,
das Meer ist und Himmel zu gleichen Teilen.

42. Schlafwandeln

Näher ranschieben,
an die Wand,
die Matratze, ohne festen Rahmen,
das Gelbe schon überstrichen,
Zigarettenqualm,
vom Vormieter,
es riecht künstlich,
Räucherstäbchen als Gegengift,
Haare frisch gewaschen,
ich lehne an dem neuen Weiß,
befürchte, dass es haften bleibt,
mich altert, ohne Falten,
am Hinterkopf eine Farbtonsur,
eine Krone purer Weltlichkeit.
Näher rücken,
Ferne nehmen,
Wärme tauschen,
weil die Eigene nicht reicht.
Schultern aufweichen,
weil sie verhärten,
mit beiden Händen,
bis sie selbst verkrampfen.
Lehnen, Schwere nehmen,
die so fest ist manchmal,
dass keine Hand sie löst,
eine Umarmung,
verlängertes Herz.

Der Duft von Honig-Mandel,
richtig sein,
in dieser Welt,
einen Moment,
bevor das Herz wieder Schlafwandelt
und rast,
wenn man es an fremden Orten weckt.

43. Nachtaugen,

die durch Schatten blicken,
noch nicht Katze,
nicht mehr Mensch,
Traumvorbereitet.
Straßenbahnen,
die ehrlich sind,
jede Erhebung nacherzählen,
Verhör, ohne Richter.
In Treppenhäusern,
manchmal Katzen ohne Namen,
sie kommen trotzdem,
werten Nähe mit Nähe,
belohnen meine Geduld,
mit einem Achtertanz aus Samt.
Grüne Geländer,
die Frühling sind auch im Winter,
Sommerschlittern,
auf Regennassen Marmorfeldern,
die nie blühen.
Bin Zuhause,
es ist schön,
wie du für das Schöne schwärmst,
manchmal auch für mich,
wenn dein Nachtauge durch meine Schatten dringt.

44. Stege

Der Steg reicht heute nicht weit genug,
zu kurz,
für die Weite,
die in mir keine Ruhe findet,
sich im Außen sucht.
Es ist noch zu warm für Herbst,
doch manche Bäume sind schon ausgedünnt,
von den vielen Stürmen,
die Andenken sammeln,
ich mag das Grau,
das den Morgen faltet,
ehe Licht von sich spricht,
Chöre alter Angewohnheiten,
schlagen mit ihren Schuhen auf den Tisch,
der noch nicht abgeräumt,
vielleicht bleibt diesmal etwas ohne Scherben,
etwas was nur fällt,
ohne daran zu zerbrechen.
Im Himmel Wolkenkleister,
dort wo sich meine Träume wiederfinden,
zusammensetzen,
zu neuen Versuchen,
die leidenschaftlich Stege,
zurück ans Ufer rollen,
bis im See wieder eine Mitte
und die Sehnsucht dorthin.

45. Fremdes Auge

Wir ermüden nicht,
uns zu wiederholen,
was wir fühlen,
das Gehörte ist Bühne,
während du in mein fremdes Auge blickst,
das manchmal Träne ist
und schwarze Perle.
Hundert Dächer,
das klingt schön,
doch es sind 87,
ich hab es nachgezählt,
nicht ganz sicher ob es stimmt,
doch es stimmt mich milde,
das Gefühl, in einer Stadt zu sein,
die sich ganz sicher ist,
dass sie richtig zählt,
einer zwar von Vielen,
mit Namen am Klingelschild,
das selten jemand drückt,
doch du hast die Schlüssel.
Und manchmal ist da ein Brief,
der zwischen all der Werbung liegt,
wie viele hab' ich weggeworfen,
versehentlich, vielleicht war darin Erhofftes,
andere Leben,
in meinem linken Auge Fremdes,
wie schön,
dass du auch das Andere siehst.

46. Geheimnis

Deine Tränen noch lebendig,
Flügellose Käfer,
die stets dieselben Wege wählen,
deine Worte sind so anders,
mehr Stille, als gewölbter Muskel,
du möchtest es nicht erklären,
lässt mir die Möglichkeit,
es in Geschichten einzubinden,
ich tue dies so lange,
bis du verneinst.
Wenig Richtiges,
aber manchmal ein Lächeln,
aus Mitleid vielleicht,
weil ich mich vergeblich Mühe,
dort zu sein,
wo ein Nicken ist und ein Aber.
Die Stunden vollzählig,
wir müde,
der Heimweg übertrieben still,
dort wo Zuhause ist
und die Stufen stets zuviel,
ein Moment der Nähe,
der nun öffentlich,
ein Geheimnis hinter sich lässt,
es nicht ausspricht,
aber mit ihm weiterlebt.

47. Das alte Kleid (2001)

Heute fahren wir zu Therese,
um uns nochmal an Mutter zu erinnern.
Wir hatten Gänsehaut, als wir das Haus betraten.
Überall lag feiner Staub.
Die große Uhr
in der Eingangshalle verzichtete auf ihre Hand.
Stummer Diener, der sich auch nicht verneigt.
Sie schlug dreimal. 2x links, 1x rechts.
Sie hatte nichts zu verlieren.
Wenn sie unser Schlag erreichte,
würde sie kein Pendel mehr tragen.
Diese Krawatte, die nur verneint.
Ich möchte sie einmal zwischen anderen Schultern sehen.
Therese empfing uns.
Sie saß in ihrem Stuhl,
welchen eine Dame mit Schürzchen schob.
In demselben Ernst, schob sie später auch den Teewagen.
Stumm und korrekt, als sei sie selbst ein teures Gedeck,
das nachts in Seidentüchern in einer Schublade schlief.
Thereses Füße waren dünn.
Blaue Adern rankten wie Wurzeln unter ihr rotes Kleid.
Die Spitze ihres Saums, verdeckte die Krone,
dieses blauen Baumes,
der sich unter ihrem Kleid ausbreitete
und das hohe Alter,
als einsame Frucht in seinen Zweigen hielt.
„Wie geht es euch? Wo sind die Kinder?
Ich vermisse ihre kleinen Hände und ihre hohen Stimmen,
die wie Vögel durch die leeren Hallen flattern?"

„Sie sind Zuhause und spielen fangen.

Weißt du noch? Wie wir damals…"

Therese seufzte und zog ein zerknülltes Taschentuch aus ihrem Ärmel.

„Ach würde das Trauern doch etwas helfen.

Aber ich welke dahin, auf dem Grab meiner Tochter.

So wie es alle Blumen tun, die sich aus der Erde Toter nähren.

Du siehst deiner Mutter so ähnlich.

Gerade wenn du so blass bist…

Deine Mutter vertrug die Sonne nicht, sie wurde so schnell rot…Sie trug immer Hüte.

Aber welches Kind mag das schon.

Deshalb suchte sie den Schatten, dort blieb sie bis…bis…"

Ich nahm ihre Hand.

Meine Frau strich mir über den Rücken.

Die Frau mit dem Schürzchen kam ins Zimmer und flüsterte Therese etwas ins Ohr.

Sie nickte und sagte es dann laut zu uns:

„Der Kaffee steht bereit."

Dann schob sie Therese durch den langen Flur in das Esszimmer.

Die Reifen hallten wie ein Streitwagen durch das große Haus. Er wartete auf seine Gegner.

Doch diese saßen bereits auf seinem Rücken und er verfluchte ihn jeden Tag mit der streitbarsten aller Waffen, dem nicht zu Ende gedachten Wort.

Das Haus war zu groß für die Einsamkeit.

Es hatte viele Fenster,

doch die wenigsten ließen sich öffnen.

Wenn sich die Einsamkeit erstmal
in den Räumen ausbreitete,
war sie wie Schimmel und schwer zu vertreiben.
Wie er, zog sie Feuchte und Kälte und trieb die Einsamen
dorthin, wo das Feuer brannte:
In das rußige Wohnzimmer,
mit den schweren Vorhängen und den
mannshohen Bildern in den wuchtigen Rahmen.
Ihre Motive waren vom Ruß nur mehr dunkel und matt.
Die Augen, die uns von den Bildern folgten,
blitzten wie Tieraugen durch das Dunkel.
Aber ihr Blick verriet kein Lauern,
sondern die Angst, ganz zu verschwinden.
Eine festlich gedeckte Tafel wartete im Esszimmer auf uns.
Kerzen brannten, Kuchen und Gebäck stapelten sich auf
Silbertablette. Das schwere Holz des Tisches wurde von
festlicher Spitze verhüllt.
Das Holz sollte nicht vom Zuckerdöschen lecken
und klebrige Ränder hinterlassen.
Der Zucker gehörte dem Gast. Wer von ihm kostete,
verlangte nach mehr.
Und wer blieb, durfte auch von den Geschichten kosten,
welche die Einsamkeit zurück in ihre feuchten Zimmer trieb.
Der Kaffee blickte uns mit seinem schwarzen Auge an.
Milch schloss ihm die Lider.
Mein Vater zauberte Wolken in das Auge.
Wir Kinder staunten. Unser Kakao hatte keinen Himmel.
Dann erzählte Therese von Mutter.
Eine Mutter sollte ihr Kind nicht überleben.
Ihren Mann, zog dieser Gedanke hinab ins Grab.

Er ließ sie alleine zurück mit dem Schmerz.

Am liebsten wäre sie ihm davongerannt.

Doch ihre Füße blieben.

Mit den Jahren wurde ihr Rollstuhl zu einem Streitwagen.

Auch wenn sie ihn verfluchte,

war er doch der Einzige, der mit ihr in die Schlacht zog.

Sie suchte wieder nach dem Taschentuch im Ärmel,

sie fand es nicht.

Sie nahm die Serviette und trocknete ihren Seelenmund.

Hätte der Krieg ihre Tochter genommen,

wäre es dann leichter gewesen?

Sie hätte nicht alleine um ein verlorenes Kind geweint.

Doch Mutter ging mit den Schatten und

verlernte das Sprechen.

Sie verschwand im Nebel und ließ ihre Familie zurück.

Dies war keine unerwartete Nachricht,

die jemand in Uniform überbrachte.

Nein, man zog mit ihr in die Schlacht und sah sie auf

dem Schlachtfeld sterben. Trauernde sind Träger.

Die Einen,

tragen die Last des Verlustes auf ihren Schultern,

die Anderen, tragen die Erinnerung in ihrem Herzen.

Therese trug den Verlust auf ihren Schultern,

das brach ihr die Beine.

Der Kaffee war stark und bitter.

Als hätte sie ihn mit ihren Tränen angerührt.

Auch wenn Berge von Zucker,

auf den Grund der Tasse sanken,

sie vermischten sich nicht mit dem schwarzen Auge.

Dann ließ sie uns erzählen,
unser Leben auf der gedeckten Tafel ausbreiten.
Doch das, was wir brachten,
blieb unberührt auf dem Tisch.
Sie trank lieber von ihrem bitteren Kaffee.
Mit dem Schlag der Standuhr, erhoben wir uns.
Sie bat uns noch zu bleiben.
Wir versprachen nächsten Sonntag wieder zu kommen,
so wie wir es jeden Sonntag tun.
„Bringt doch mal die Kinder mit."
Vielleicht ein andermal.
Sie würden den Kaffee nicht vertragen.
Er war noch zu stark.

Als sie gingen, ließ sie sich auf ihr Zimmer bringen.
Ihr Dienstmädchen half ihr beim Waschen und Ausziehen.
Dann half sie ihr ins Bett.
Als sie die Tür schloss, drehte sie sich zu dem Kleid,
was bei ihr auf dem Bett lag.
Früher lag dort ihr Mann und flüsterte ihr ins Ohr,
bevor er einschlief.
Jetzt lag dort das Kleid, das sie jeden Tag trug.
Früher gehörte es ihrer Tochter,
doch es hatte ihren Körper nicht altern sehen.
Sie strich mit ihrer Hand darüber
und sah auf ihren nackten Körper.
Der blaue Baum, der von unten über sie hinaufwuchs,
lag jetzt offen vor ihr.
Die Äste waren dünn aber knorrig.
Es ist Winter und ich bin seine letzte Frucht.

Wenn er mich abwirft,
werfe ich ihn ab und es bleibt nur das Kleid,
in das man mich hüllt,
wenn der Baum zu Staub zerfällt.
Dann zog sie die Decke über ihre Schultern.
Die dunklen Gäste in ihren goldenen Rahmen,
müssen nicht alles sehen.
Dann löschte sie das Licht.
Ich auch nicht, dachte sie.
Ich kann sie fühlen.
Als läge sie neben mir und berühre meine Hand.
Diesmal würde ich sie nicht loslassen…
Dann schlief sie ein
und der Baum warf seine letzte Frucht zur Erde.

48. Im September,

wenn 9 Monate ausgetragen,
goldenes Licht,
das Alte wirkt gewöhnlich,
silbern,
wie das Besteck das jeden Tag,
neben den Tellern liegt,
neutral ist, damit man schmeckt.
Musik, du loser Stein der Grenzen,
mehr Musik, jetzt,
in unseren orangefarbenen Herzen,
die rückwärts gehen wie das Meer,
wenn zu viel Land ist und wenig Mitte,
ich vermisse meine Gitarre,
deren Saiten stets verstimmt
und doch jeden Ton in mir treffen.
Ich kann es hören,
wenn du an mich denkst,
ein Flirren in den Nerven,
wie Fliegen vor dem Fenster,
die den Weg nicht mehr hinaus finden,
ich bin müde, zu viel Wein,
viel zu sauer um sich daran zu betrinken,
doch das Wenige reicht,
für etwas Schwindel
und einem mühelosen Gedanken,
an das was fehlt,
im September,
wo nur mehr wenig Jahr,

Herbst ist, den noch jeder liebt,
weil etwas Goldenes,
etwas Leeres füllt
und ich versucht bin,
es in meine Taschen gleiten zu lassen.

49. Quellen

Verwundest mich mit spitzer Zunge,
die manchmal bis zur Nase reicht,
beeindruckend damals und auch heute,
darüber Lächeln kann ich nicht,
auch wenn ich es könnte,
weil mein Auge Schatten trinkt,
ohne abzusetzen,
sie über Ränder verschütt'
und es über Wangen rinnt
und Pulloverärmel.
Ich wandere manchmal dort,
wo keine Wege sind,
es ist leicht sich dort zu verirren,
ich bin froh, dass nichts beschriftet,
nichts vermessen,
nichts benannt, auf Pfeilen,
die in eine Richtung weisen,
mich zurückführen in meine Stadt,
die ich zu verlassen suchte
und mit ihr vielleicht auch mich.
In den Wäldern lose Tropfen,
die sich fingen dort vor Stunden,
als noch Regen war und ich am Fenster,
Ausschau hielt,
in einem Antwortspiel,
nach Zeichen,
keine, die sich auf leere Blätter schreiben,
auf die Vollen, auf Vorhandenes deuten.

Verwundest mich mit spitzer Zunge,
mehr noch mit ihrer Stille,
beeindruckend wie weit das Schweigen reicht,
den Stuhl nicht mehr an den Tisch geschoben,
beeindruckend, jene Stille,
die ich mir wählte,
so anders,
auch in Worten,
zwischen Blättern und abgelegtem Regen,
der in gefalteten Schalen,
zu kleinen Quellen wächst.

50. Sterne steigern

Ich sehe noch keinen Stern,
ich ahne ihn, leidenschaftlich,
meine Ohren im Rausch,
trunken vom Hall aus der Tiefe.
Die Wiesen nass,
damit die Schatten besser unter die Dinge gleiten,
irgendwo zündet jemand Granaten,
es bewegt sich nichts,
Bäume stehen still,
wie Soldaten, der Mond sieht's,
verrät mir weder Ort noch Opfer,
regungsloses Gesicht,
das nicht lächelt,
zum Glück.
Erste Sterne,
ich möchte sie ins Ewige steigern,
damit so etwas wie Trost in mir bleibt,
der nur dort zu finden ist,
irgendwo sind sie zu End' gezählt,
mit einer Zahl die ich nicht kenne,
geschrieben lässt sich mit ihr die Welt umrunden,
sicherlich mehrere Male,
vielleicht wickelt sie die Welt zu doppelter Größe,
oder sie endet früher,
sie wird nicht genügen,
sie wird nicht genügen,
um zu trösten,
Trost, bist nur im Ewigen zu finden.

51. Schwäne im Regen,

unbewegt,
als wären sie aus leichtem Stein,
den Kopf in den Federn,
der Nachwuchs grau
und am Leben.
Zu weit,
für etwas Nähe,
für das alte Brot in meinen Taschen,
das sich verkrümelt,
ungefragt,
den Ausgang sucht durch undichte Nähte.
Meine rechte Tasche ist noch frei,
deine Hand und Meine,
sind schon zwei,
zu viel für diese Höhle aus Cord,
wir nehmen die Handschaukel,
schwingen in die Höhe,
bis es peinlich wird,
ich mag es,
wie uns die Schwerelosigkeit dirigiert.

52. Hunger,

jetzt auf Vieles
grüne Lichter,
ich sah sie zuletzt noch als Blätter,
hoch oben wo sie Sonne pausten,
jetzt leuchten sie mir im Dunkeln,
als grünbemalte Fenster,
die um Antwort werben,
lauter noch als mein Innenleben,
das sich wölbt und knurrt,
wie ein unverdautes Tier.
An einer Tafel, Schriftzeichen,
die schöner sind als ihre Erklärung,
die so gewöhnlich klingt,
dass ich weitergehe
und wieder umdrehe,
weil der Hunger doch zu groß,
der Duft von angebratenen Zwiebeln,
lässt mich bleiben,
ich blicke aus dem Grün auf die Straße
und sehe Gewöhnliches nur,
das grelle Licht von künstlichen Augen,
welche dieselbe Straße wählten für ihr Ziel,
aber im Regen zischen wie ein gefährliches Tier,
das Friedensmüde.
Wehrhaft nur,
wer dort draußen ist,
meines ist nicht mehr gewillt,
Tier zu sein,

warme Stille, die sich an mich lehnt,
doch der Hunger bleibt,
der nur abgedeckt,
mit Gemüse und etwas Reis,
einer Grube Obdach gibt,
in der auch die Sehnsucht kreist.

53. Mitten

Nebel weiden ungesichert,
bis nah an meine Hände,
zutraulich, lassen sie sich streicheln,
ihr Fell, noch feucht,
manch' Geheimnis seh' ich darin wandern,
gebückt etwas Wärme sammeln,
die am Boden blüht,
manchmal hör' ich sie miteinander Flüstern,
manchmal auch ihr Lächeln,
wenn ihre Körbe gefüllt
und auf ihren Rücken wie Sonnen strömen.
Die Morgenernte ist beendet,
sobald sich's anfühlt wie fremde Schwere.
Korb und Frucht zu einer Mitt' geschichtet
und als ich darauf blicke,
löst sich daraus ein Feuer,
oh, es ist so leicht entzündlich
und zu groß als dass ich's löschen könnt'.
Mit Furcht möcht' es mich locken,
ich bleibe, alles Feuchte trocknet,
zurück in alte Enge
und die Nebel ziehen sich zurück in
waldbedeckte Berge,
ich beuge mich über jene Reste,
die sie in weißer Asche ließen,
die mich erinnert an zerrissenes Papier,
darauf geschrieben zig Versuche,
mir den Anfang einer Lieb' zu erklären,
die so anders ist als ihre Mitte.

54. Reihenfolgen

Sonntag Früh,
es klingelt an der Tür,
Licht gesucht und doch verirrt.
Kunstleder und doch Tier.
Sonne die mich weckt,
viel zu früh,
brauche weder Vorhang noch Gardine,
nur schlechtes Wetter,
oder Wolkenwandertage,
die vor meinem Fenster halten
und staunen ob der gesammelten Leere.
Erstmal Kirche für das Seelenleben,
ohne Kreuz, ohne Mauern,
überwunden wie so vieles
und doch bleibe ich mir.
In jedem Grab wohl auch ein Zweifel,
mancher ausgesprochen,
mancher blieb zurück im Schweigen,
wenn ich vorbei an diesen Steinen streife,
bin ich nur ein anderer Wind,
der nie zum Sturme reifte,
sich selbst Liebeslieder singt,
weil sie nicht für mich gesungen.
Und doch ist's,
als spräche es zu mir,
Alles,
wenn du es dir,
legst auf deine Zunge,

Worte nicht, oder ganz selten nur,
aber alles was belebt,
vermehrt sich durch deine Gedanken.
Die Unordnung,
die ich mir erträglich schichte,
trägst du ab, durch Augenblicke,
die durch die Geschichte wirken,
sich in Reihenfolgen erzählen
und doch ist's die Gleichzeitigkeit,
in der wir uns erhalten,
uns begegnen,
früh Morgens,
wenn wir auf Fortsetzung des Leisen hoffen,
das die Nacht mit Müh' erbracht,
zwischen all unseren Ruderbewegungen.

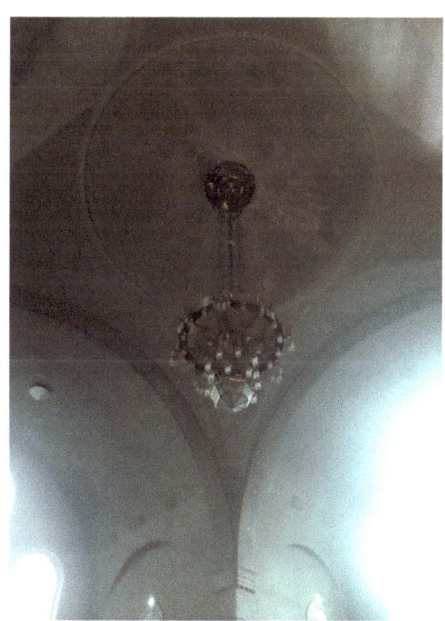

55. Erste Sterne,

hellweißes Licht,
das nicht bleibt,
wenn ich die Ferne löse.
So wesentlich möcht' ich hoffen,
so innig,
damit sie vor mir dort ist,
die Hoffnung,
wohin ich möchte,
dann lose wieder,
damit ich wieder spannend bin für meine Ungeduld,
die nur der Uhr erwidert,
die ich schon vorgestellt.
Das Abendgrün verspeist mein Herz,
hinterlässt keine Reste,
Rot wird nur gespürt.
Deines auch,
durch deine bräunlich' Augen,
die so anders sind,
Bernstein, nein Krokant, in einer Sonne,
die an einem Faden ins Dunkle zittert,
ob sie sich fürchtet?
Ich höre Rhythmen,
die ganz ohne Herzen schlagen,
Tanz verteilen in großen Gesten,
es ist noch zu hell für grelles Licht,
nur erste Sterne,
vielleicht sind sie dort,

nur weil ich sie mir wünsche,
und ich,
weil sich dir ein Wunsch erfüllte.
Gleich ist die Sonne hinter Bäumen,
unter Hügeln,
wärmt andere Wurzeln,
unsere sind noch lau,
ehe wir wieder Heimweg sind.
Erste Mücken wünschen sich,
dass wir uns vergessen,
uns küssen,
länger als man Abschied spricht.
Schwalben fliegen niedrig,
wir blicken auf ihre Flügel,
stehend, in ihrem Himmel,
den wir heute morgen noch,
als zu hoch diskutierten.

56. Ablöse

Das Schilf,
so wild wie der Wind,
steht jetzt still,
kein See, nur Wasser das blieb,
erntet Schatten von jenen,
die sich darüber beugen.
Ich gehe hinein,
bis zu den Knöcheln,
bis sich die Ränder meiner Hose dunkelblau färben,
erstes Laub, baut Boote,
es ist zu heiß, selbst für einen Sommer,
ich sehe nicht auf den Grund,
Blüten und wild Wucherndes,
ist dort abgelegt.
Ich sah den Mond schon darin schwimmen,
die Sonne nur in Scherben,
ich möchte mich gerade an etwas Gutes erinnern,
es gelingt mir nicht.
Es ist noch zu wenig Herbst,
der die Dinge von mir löst,
sie blättert wie von alten Wänden
Blüten, die nicht wurden,
aber welkten.

57. Reste (2024)

Das Telefon klingelt, es klingelt nur noch selten.
Das an der Leine, mit der Locke,
die sich bis ins andere Zimmer dehnt
und doch zu kurz ist für den Balkon,
ich spreche nie im Freien, wenn ich Zuhause bin
und die Vergangenheit nicht von mir lässt.
Sonst vibriert es in Herznähe.
Es wundert mich, dass es nicht vibrierte.
Hat es, nicht nur einmal. Ich hab es nicht gespürt.
Der rote Punkt leuchtet. 12 Anrufe in Abwesenheit,
genau so viele Mitteilungen auf dem AB.
Ich gehe ran, Schuhe und Jacke noch an.
Der Regen ist heute auch im Wohnzimmer,
zumindest seine Spuren,
ich ärgere mich darüber erst später.
Meine Schwester. Mein Vater.
Wir schweigen beide. Legen auf.
Rufen uns wieder an, diesmal über gewohntem Wege.
Ich blicke auf die Uhr,
für Züge ist es schon zu spät.
Ich bin einfach zu weit entfernt.
Aber morgen, gleich der Erste.
Übelkeit. Schwindel.
Meine Schuhe quietschen als ich mich setze.
Bitte noch nicht auflegen.
Wir schweigen mehr, als wir reden.
Irgendwann ist Stille und ich sitze noch immer.

Meine Spuren, schon getrocknet.
Braune Gesichter die irgendwie lächeln,
das macht mich wütend,
ich reibe sie mit den Rändern meiner Jacke zurück
in etwas, was man pusten könnte, mit Tränen geht
es besser, schneller.
Ich frage mich, ob es dafür bereits ein Video gibt.

Diese Nacht hat keinen Schlaf.
Ich versuche meine Mutter zu erreichen.
Habe ein schlechtes Gewissen, möchte sie nicht wecken,
nicht erschrecken, wenn sie ihn doch gefunden hat.
Ich hatte sie ganz vergessen,
das macht das schlechte Gewissen nicht besser.
Ich buche noch schnell den Zug, vertippe mich ständig,
starte von vorne. Ich bin genervt von dem kleinen Ding,
das mich gerade dirigiert
und keine Rücksicht auf zitternde Hände nimmt.
In vier Stunden, fast genau, Gleis 12.
Eigentlich weiß ich es ja.
Fahre die Strecke nicht zum ersten Mal.
Doch nie so früh und nie …nie mit diesem Gefühl.
Es ist Dienstag, eigentlich müsste ich doch,
meinen Chef und eigentlich müsste ich es dir sagen,
mir fehlt noch das Wie und überhaupt Worte.
Wie lange ich wohl bleibe, was soll ich einpacken,
wer kümmert sich um meine Katze,
die gerade wieder irgendwo ist, nicht da,
wenn ich etwas Lebendiges
in dieser Todeswolke brauche.

Ich denke an Musik, mache sie schnell wieder aus,
sie wäre geprägt von diesem Moment,
keine Lieblingsmusik..., bloß nicht...
vielleicht einfach nur Radio,
irgendwas wo jemand spricht. Radio, auch so ein Ding,
das niemand mehr hört.
Dann erste Gedanken an meinen Vater.
Ich hoffe gerade auf ein Zeichen,
ich glaube wir hatten einmal darüber gesprochen,
wenn jemand von uns geht, dann nicht ohne Zeichen,
dass es gut mit uns steht, wo auch immer wir gerade sind.
Vielleicht war es dieses grinsende Matschgesicht,
ich versuche den Gedanken zu verdrängen,
nicht ohne Tränen. Meine Tasche ist ein Chaos,
von alledem werde ich nichts brauchen,
wahrscheinlich nicht in der Menge
und das was ich brauche, erstmal nicht finden.
Irgendwas werde ich vergessen,
so wie an Tränennüchternen Tagen auch.
Meine Fenster sind angelaufen,
sie sind um diese Zeit nur meinen Schlaf gewöhnt
und nicht diese wüste Atmung,
in dieser hohen Taktung.
Ich öffne die Fenster.
Kein Regen mehr, nur noch Nacht.
Sogar ein paar Sterne. Ich bemerke erste Mücken,
sie fliegen an mir vorbei, suchen erstmal das Trockene,
sie wissen, da ist was zu holen, auch später.
Ich muss sie enttäuschen.
Erste Vögel sind zu hören.

Zuerst ein tonales Blinzeln, dann wird es deutlicher,
auch die Sonne, die den Himmel nach oben schiebt,
erst sanft…
ich weiß nicht ob ich das jetzt schön finden darf,
irgendwie passt es nicht.
Ich sollte losgehen. Es ist noch viel zu früh.
Gestern träumte ich von einem Bahnhof.
Du weißt, wenn ich davon träume,
träume ich von Abschied.
Eher von partnerschaftlicher Natur,
doch daran hab ich nicht gedacht.
Es ist gut für uns, ja,
irgendwie beruhigt mich der Gedanke,
auch wenn ich weiß, es war ein Tausch…
ich möchte den Gedanken nicht weiterdenken.
Ich putze mir noch schnell die Zähne,
für mehr Hygiene hab ich keine Kraft mehr.
Ich bin müde, unglaublich müde und hungrig,
auch wenn mir übel ist.
Ich bin froh als ich die Türe schließe,
dass ich nicht gekocht habe.
Sonst müsste ich noch mal rein, der Ofen und so.
Ich darf einfach gehen. Ich hatte das Fenster vergessen,
aber wer denkt schon an das Fenster,
das um diese Zeit nie geöffnet ist.

Es riecht nach Urin, auch wenn keiner zu sehen ist.
Der Regen hat ihn wohl aus den alten Bahnhofsmauern
gelockt.
Noch hat nichts geöffnet.

Ich hatte auf eine Bäckerei gehofft oder ein Kiosk,
es muss ja nicht viel sein, aber es gibt ja Automaten.
Ich entscheide mich für einen Schokoriegel und eine Cola.
Die Cola für den Magen,
ist ja Medizin, sagte zumindest mein Vater.
Und mit diesem Gedanken beginnt die Kausalität
vieler Gedanken. Ich denke an das Heckenschneiden,
unser letztes Gespräch,
es müsse jetzt wieder sein, wie schnell eine Hecke in
einem Jahr doch wächst, wir mussten beide über diesen
Gedanken lachen. Über das Angeln, wir wollten doch
noch und das Auto, das in seiner Garage in all seine
Einzelteile zerlegt ist, es muss doch noch…
wer sonst sollte es.
Und meine Mutter, er muss doch noch bleiben…
so lange sie bleibt… und der Garten…
und meine Schwester… und ich… und der Hund…
wer sonst sollte…
Am Bahnsteig ist es noch leer,
die Anzeigetafeln noch nicht in Betrieb.
Ich setze mich auf die Bank,
die Nacht ist schon fast Tag
und esse meinen Schokoriegel und achte auf Zeichen.
Ich lade jede Regung auf mit Bedeutung.
Erste Reisende.
Niemand sieht glücklich aus.
Manche nagen schon an einem Brötchen,
irgendwo ist schon irgendwas geöffnet.
Ich bin zu müde um irgendwo nachzusehen.

Ich merke wie der Schlaf auf mich drückt,
ich darf doch jetzt nicht, nicht hier, nicht jetzt,
was wenn ich den Zug… der Gedanke ist schon Schlaf,
zum Glück sind Züge keine Katzen, ich spüre den
Willkommenswind und die heiseren Bremsen.
Ich schleppe mich und die viel zu schwere Tasche auf
irgendeinen Platz, ich frage mich, weshalb ich überhaupt
reserviert habe. Ich schlafe ein. Auf halber Strecke dann
ein Zittern in meiner Jackentasche und ein schrecklicher
Klingelton, ich schaue mich um, hoffe, er hat nur mich
geweckt. Mein Chef, wo ich denn bleibe.
Ich antworte im Halbschlaf, wahrscheinlich meint er,
ich sei betrunken,
er wartet gar nicht auf den Grund und legt auf,
sagt noch, ich solle mich ausschlafen.
Wenn ich es denn hinweg schlafen könnte, das Gefühl.
Vielleicht sollte ich jetzt bei meiner Mutter…,
sie schläft bestimmt noch… nach dieser Nacht,
in der sie sicher wach lag, so wie ich,…ich falle zurück
in meinen Schlaf, erwache ruckartig, ich glaube ich habe
geschnarcht. Keine Träume, nur Gedanken die sofort in
Traumloses führen. Vor dem Fenster schönes Licht,
am Morgen wirkt es fast herbstlich.
Schwere Wolken, vielleicht sind es aber auch Nachtreste,
sie und das Licht malen ein schönes Grün.
Es sind nicht viele Haltestellen und doch weiß ich gar
nicht, ob ich ankommen möchte. Einfach weiterfahren.
Es wäre die falsche Richtung. Berge. Noch mehr Berge.
Ich möchte doch ans Meer.

Nur einmal waren wir gemeinsam am Meer,
ich war Teenager und wollte keine Sonne.
Verkroch mich in dunkle Zeitschriften und
dunkle Gedanken. Hätte ich mal mehr mitgelacht,
ich hätte jetzt nicht diese Gedanken.
Wir besuchten Assisi noch vor dem Erdbeben,
der Onkel der uns damals fuhr, starb schon vor ein paar
Jahren. Auch einige der Bekannten die damals viel zu laut
lachten, ich vermisse gerade ihr Lachen, eines das, laut,
grell, herzlich, bayrisch, derb...
Jemand muss doch dieses Gefühl mitnehmen,
mit einem Lachen, das große Taschen hat.
Vor Feldern das Gefühl von Schwerelosigkeit,
kaum sind da Häuser, macht mir die Geschwindigkeit
Angst. Ich versuche es noch mal mit Musik
„Everything in its right Place",
ich weiß gerade nicht ob mich der Gedanke beruhigt.
Orte mit seltsamen Namen die in der Geschwindigkeit
verwischen, nasses Papier und ein unachtsamer Ärmel.
Gerade waren Wahlen, ich weiß nicht ob es meinen Vater
noch erschreckt hat, seine Eltern waren Vertriebene oder
Geflüchtete, so genau weiß ich es nicht und in den
Zufluchtsorten gab es noch genügend Restbraun,
die ein Ankommen erschwerten,
das Fremdsein erleichterten und doch blieben sie,
hielten es aus, sich aus und die Sehnsucht nach Rückkehr.
Mein Großvater saß stets vor dem Holzofen,
wärmte seinen Rücken und rauchte unglaublich viel,
mehr als er sprach.

Seine Arme waren tätowiert, ich erinnere mich an ein
Kreuz, das durch die Falten schon ganz verbeult war und
an eine Nummer, wo ein paar Ziffern fehlten.
Ich hätte sie gerne berührt, zu spüren ob man die Farbe
fühlt. Er war sehr dünn und wohl auch sehr krank,
im Alter glichen sich Sohn und Vater an,
auch in der Stille und auch im Kranksein.
Hätten meine Eltern einen Holzofen,
mein Vater säße auch davor.
Der Geruch von Holz, Zigaretten, Kartoffeln, Äpfeln
und feuchten Wänden blieb aber ganz meinen Großeltern
vorbehalten. Als mein Opa starb, kamen Katzen.
Erst eine, dann viele, dann zehn. Das Vermissen meiner
Oma war jetzt weich und schnurrte,
ein tröstender Gedanke.
Meine Mutter wird nicht den Weg der Katzen gehen,
noch ist da eine alte Hundedame, die tröstet,
wahrscheinlich und gerade, mit ihrem Eigensinn.
Ich kann schon die Berge sehen, mir wird ganz eng ums
Herz. Enger noch als es eh schon ist.
Der Zug wird langsamer, die Bilder deutlicher und die
Menschen unangenehm viel. Ich versuche mit Musik
gegenzusteuern, mein Handy warnt mich vor
Hörschäden, ich weiß gerade nicht ob ich dankbar sein
oder mich über all die ausgelassenen Warnungen
beschweren sollte, über die ich dankbarer wäre,
wenn sie ausgesprochen. Ich weiß nicht wie oft ich das
Album jetzt gehört habe, wahrscheinlich höre ich jetzt
schlechter, aber ich denke wieder etwas klarer.

Am Bahnsteig stehen meine Schwester und meine Mutter
und die alte Hundedame. Sie alle wirken müde.
Wir umarmen uns, sagen nichts. Es ist sonnig,
ich wünschte, ich hätte vorher noch geduscht.
Wir fahren nach Hause.
Ich nannte es einmal Halbparadies, du weißt warum.
Ich erschrecke, als man mir sagt,
dass er noch im Bett liegt. Er hatte es so gewollt.
Ich sollte mich noch verabschieden können.
Abschied nehmen, Abschied geben, was er bei seinem
Vater nicht konnte. Es ist kein wortloser Abschied,
aber er ist einseitig. Seine Arme erinnern mich an die
meines Opas, nur ohne Farbe und seine Hände riechen
noch immer nach Schmieröl, wie sie es immer taten und
sie sind kalt, ich versuche sie zu wärmen, doch meine
Hände nehmen ihre Kälte an. Ich öffne das Fenster,
die Hundedame ist ganz außer sich, die Post fährt vor,
ich meine ihn lächeln zu sehen, küsse seine Stirn,
die jetzt ganz Faltenfrei. Ich merke, dass etwas an mir
vorbeifliegt, wie eine Mücke ohne Ton,
das offene Fenster nützt.
„Motion Picture Soundtrack",
der Atem eines alten Akkordeons,
nach all der Künstlichkeit.
Ich versuche mich an einem Lächeln,
inmitten all der Reste und es möchte...

58. Schlüssel frei,

liegt dort wo ich schreibe,
auf einem Tisch in Fensternähe,
...meine,
er landet wieder in deinen Händen,
wenn du unten stehst
und Kiesel schmeißt,
er liegt dort schon seit Tagen,
kein Kieselregen,
nur Nieselregen,
keine Antworten,
ich lege ihn Beiseite,
noch in Hoffnungsnähe,
doch er wandert immer weiter,
bis er nicht mehr im Herzwinkel,
...unbeobachtet
Wunden schließt.

59. Weiterfahrt

Strassenbahnen sprechen Dialekt,
ich fühle mich fremd,
den Schirm abgelegt,
da er Regen hortet,
an den Fenstern Schmiere,
abgelegter Stirnen,
die nach Draußen blickten,
oder nach tief Innen,
etwas war zu viel.
Ich mag die Kurven,
die bis in meinen Magen reichen
und Verspanntes lösen,
ohne Hände,
leere Sitze, noch kein Gegenüber,
ich kenne die Strecke
und eine Haltestelle mit Erinnerungen,
ich fahre weiter,
bis der Regen endet,
bin erstaunt,
wie wenig ich doch kenne.
Es regnet heute auf deine Art,
sanft,
ich mag den Duft der ersten Tropfen
und wie mein Herz immer wieder dabei staunt.

60. In den Feldern noch Wind,

ich kann ihn nicht vertreiben,
ich möchte bleiben,
bleiben wo ich bin,
auf die Wunde die nicht mehr blutet,
leg' ich mich,
versehentlich,
wechsle dann die Seite,
der Himmel blickt ganz anders,
ernster,
ich seh's an seinen weißen Augenbrauen,
geformt zu einem V,
spüre den Schmerz ausgekugelter Gedanken,
die zurückdrängen,
treten, brüllen, trauern,
ich weigere mich,
spüre ihre lockeren Gelenke,
die gegen mein Herz schlagen,
klappern wie Gespenster,
die Ruhelosen,
die mir Anvertrauten,
die das Warten verlernten,
nicht aber das Hoffen,
das nicht verjährt,
das dort ist, wo Schmerzen lagern.
In den Leitungen warmes Wasser,
ich versuche das Pochen zu kühlen,
doch die Hitze kroch auch in die Schatten,
nahm sich, was ihr nicht gehört.

Entlässt nur mehr den Vorsichtigen,
der selbst die Liebe nur mehr flüsternd benennt,
damit sie in den mitgebrachten Einsamkeiten,
nicht wie ein Schatten verbrennt.
Und blicke ich Abends dann,
in mein Glasgesicht,
sehe ich hinter mir gekühlte Fliesen,
auf meinen Schultern,
Reste, eines mitgebrachten Windes,
ich möchte ihn nicht wecken,
setze ihn auf meine hellgrüne Decke,
gegenüber eines Bildes,
das uns der Herbst geschenkt.

61. Brücken

Auf dem Fluss liegt ein Bild,
etwas Himmel hineingemischt und Bäume,
auch etwas was aus der Tiefe wächst,
Spitze zeigt,
Krokodilzähne, ohne Krokodil,
aber seine Farbe,
Enten wagen sich hinein, auch die Kleinen,
die man streicheln möcht',
der Himmel wirft über sie,
Regenkreise,
Eisvögel singen rostig,
grelles Blau durch die Luft geworfen,
zwei Äste fangen's,
Werfer, Fänger,
eingespieltes Team,
die Brücke auf der ich stehe, wackelt,
Frau mit Hund,
die Leine eng,
ich schiebe mich an ein gesichertes Außen,
Kettenrasseln,
Bilder fallen, in Unschärfe,
Polaroidzittern,
bis es wieder wird
und der Moment,
seine verschütteten Bilder
wieder zurück in seinen Karton sortiert,
...ich weiter staune,
wo wir schon gewesen sind.

62. Begegnung

Der Fluss wandert heute laut,
angetrieben von nächtlichem Regen,
er ist noch auf halbem Berge,
als wir uns begegnen,
in einer grauen Wolke,
die sich in feinen Tropfen löst,
die man schwitzt,
wenn man zu sehr liebt.
Wir nicken uns zu,
wie zwei Bekannte,
obwohl mich immer andere Augen sehen,
selbst die Stelle an der ich halte,
von einer Brücke überdacht,
bleibt nicht unverändert,
auch der Fluss,
wird mich nur an meiner Seel' erkennen,
meine Form,
welkt wie das Holz auf dem ich stehe.
Es duftet nach Wald,
obwohl ich ihn nicht sehe,
der Regen zog's aus seinen geschliffenen Armen,
die mich vom Fallen halten,
wenn ich mich zu sehr nach Vorne lehne,
damit der Fluss mich versteht,
wenn ich ihm, von mir erzähle
und er von sich erzählt.

63. Enden

Im Morgen noch der Duft von Liliennächten,
ich sehe schon ihre Enden,
gebunden an verletzte Sonnenlüster,
die nicht mehr klimpern,
wie verstimmte Klaviere.
Schweigen,
damit sie niemanden wecken,
ehe sie berühren.
Ich rudere um den Marktplatz der Gefühle,
mit einem Ruder nur,
ein Zirkel,
der um sich selber kreist,
suche ein Lächeln,
das nicht missversteht,
eilig ist im Nächsten.
Die Taschen die ich füllte,
möchte ich nun leeren,
unter Bäumen,
welche die Schatten ehren
und vom selben Wind abgeben,
von dem sie sich ernähren.
An jenem Orte,
an dem ich anders blute,
weil die Wunde nicht mehr schmerzt,
die sich öffnet um dich einzuschließen,
damit du zurück in deinen Kreise kehrst,
der gezogen wurd' hier bei mir im Außen,

doch Innen nur das Ew'ge lebt,

das nie als Kreis,

nie als ewig,

sich erlebt,

denn wie könnt ich's nur vergleichen,

wenn du mir davon erzählst,

vorgefühlt bis an die Enden,

die sich verknüpfen,

immer dann wenn ich in Nächten,

meine, ich hätte mich verloren,

wenn ich sie aus Händen gebe.

64. Raum

Es hielt sich noch an meinem Auge,
das Späte und das Frühe
und das, was man lässt.
Im Walde ist noch Gebet,
ich hör' seine Lippen schwingen,
die Schatten abgelegt,
alles Grün in die Höh' gestreckt.
Ich träumte ich sei ein Anderer,
geladen zu einem Fest,
du geleitest mich an deinem Herzen,
Vermählung spricht's,
endlich eine Blüt' über Dornen,
ich bat mich selbst,
bitte weck' mich nicht.
Im Frühen schon ein Donner,
geweckt von lauter Hand,
das Licht das davor warnte,
blieb meinem Aug' verborgen,
das noch ganz dem Raum verpflicht',
wo das Heil'ge nicht mehr Geheimnis ist.

65. Ins Leise

Laub, noch nicht Herbstreif,
zusammengeschnürt an Fäden,
als Schirm gegen Sonne,
als Schirm gegen Regen,
im Wind die schönsten Klänge,
gestimmt auf meine Seele.
Stille, die die Müdigkeit weckt,
ich vermisse die Sterne,
die sich unmerklich mehren,
je tiefer die Nacht in ihren Brunnen blickt.
Mich umrunden eingefühlte Wahrheiten,
die dort sind,
wo auch ein Lächeln ist.
Ich möchte den Tag noch nicht beenden,
streife den Schlaf von mir,
wie zu viel Wärme,
doch es bleibt nur Geste,
letzte Vögel beleben Gesänge,
steigen hinab in die Stille,
wenn alles an Liebe gesagt.
Zurück an Orte wo Mauern,
nicht nach Feuchte greifen,
weil sie nicht aus Stein,
auch wenn Gefühle hallen
und auch Worte,
es ist nicht der Grund auf den sie fallen,
der mir ein Ende,
nach oben sendet.

Wellenhände,
die wieder zu sich nehmen,
was die große Mitte vertrauensvoll entlässt,
wohin das Leise wandert
und auch ich,
Traum werde,
für jemanden,
der mich vermisst.

66. Farben

Weinerliche Wolken,
am Himmel, Vogelstimmen,
die sich aus dem Grau schneiden,
mit stumpfen Scheren,
grob
und mir nicht erwidern,
wenn ich frage, wie lange noch.
An den grünen Tempeln,
stets eine Schlange,
sie beweist es sich selbst,
die Schwäche liegt im Anderen,
sie zu erhalten das ist Welt,
sie zu ändern das ist Seele.
Ich möchte widersprechen,
als ein Sturm die Wolken bricht,
es wundet Regen,
Gralsgetränk.
Ich gehe manchmal kleine Schritte,
damit das Schöne nicht so eilt,
es staunt bis in mein frühes Herz,
das nie Kind war und doch Wandel.
Ich möchte ausrufen: Märchen!
Damit es gut endet.
Die Farben die ich meine,
die rostig sind und weich,
die Haar sind und auch Auge,
sie erwarteten mich als Jüngling,
ich erreichte sie als Mann,

am Meere dann,
die Umarmung,
die so anders ist,
warm,
so wie es keine Sonne kann.
Hattest mich schon erwartet,
nanntest dich Meer,
unsere Farben schon ins Herbstliche gestreckt,
im Sand noch ein freies Bett,
schnell,
bevor es die Zeit wieder mit Meer bedeckt.

67. Endlichkeit,

bist verwirklicht in all meinen Sinnen,
trübe dort, wo's ins Ewige gleitet,
Steine sind heute milde,
tragen Regenaugen,
alles Schnelle gleitet,
ich schleiche mich um Schatten,
die zu weit in Meine reichen,
vielleicht sind's Worte,
vielleicht auch der Versuch,
Vermissen zu vermeiden,
das sich um alles Schöne müht,
ehe es Sehnsucht wird
und ich Antwort auf so Vieles bin.
Bist Taube, Fisch, Welle,
wenn du tanzt,
ich stehe am Bühnenrand,
künstliche Sonnen verschwenden Licht,
bist Taube, Welle, Fisch,
ich stehe am Bühnenrand,
der Mond hinter dem Samtvorhang,
in seinen Falten, Sternenkrümel,
die manchmal fallen,
wenn man zu sehr wünscht.
Alles was auf diese Erde fällt,
angezählter Staub.
Ich stehe am Bühnenrand,
bist Welle, Fisch, Taube,
ich staune,

ein roter Punkt in meinem Auge,
weil ich zu lange in das Schöne starrte,
ohne zu erblinden.
Ein Feuer,
das auf's Heil'ge vorbereit',
noch ehe es endet,
schlage ich Applaus.
Die Dächer ermattet,
möchte mit einem Pinsel darin rühren,
bis es wieder schäumt,
doch du sagst: lassen,
bis die Farben verblassen,
sich das Papier rissig wellt,
sich schält, wie Pistazienhäute,
dann denken wir uns einen Himmel,
denken nur,
stottern Ewigkeit,
während wir uns mit Liebe beschenken.

68. Ernst und Gabe

Im Regen noch das Gefühl
von Ernst und Gabe,
nicht beschwören könnt' ich ihn,
auch wenn ich tanzte,
wie er sich und mich in Nebel hüllt,
damit wir einander nicht vergleichen,
doch Eins sind im selben Kleide.
Verloren dacht' ich all mein Glück,
das erhofft und nicht erwidert,
gegeben wurd's an anderer Stell',
nicht erdenken konnt' ich's mir.
Am Flusse noch die wunde Erd',
Stunden saß ich dort und starrte,
Regenbögen flochten Kränze,
krönten mich ganz unbemerkt
und wenn ich ging zurück ins Unbewegte,
dort wo Mauern sind und Wände,
wo Jahre sind wie Tage,
wo sich's lebt wie leises Sterben,
trieb es mich in der Sonntagslust,
die mehr ist als zurückgedrängter Schlaf,
hinaus, wo jemand wartet,
der den Regen liebt,
weil er sich die Sonn' bewahrte.

69. Riemengang

Im Eigensinn meiner Gedanken,
ein bleiern' Lot,
das manchmal Pendel ist,
an Gläser stößt,
die wie Engel singen,
Engel aus Gamelan,
bevor sie sprechen lernen,
zerbrechen,
in Wortscherben,
damit wir verstehen.
Bist mir geduldiger Übersetzer,
schleifst meine Wege,
während ich Einsamkeit trage,
die unendlich schmeckt.
Durchsichtiges Los,
das den Wert verrät,
ich sehe Wort,
keine Zahl
und doch ist's so viel mehr.

Ich staune über dein offenes Fenster,
es regnet Unsicherheit,
vielleicht bist du Zuhause,
vielleicht hast du es vergessen,
bringe Scherben,
Körbeweise,
lass uns reden,
im Gehen und etwas hinter uns ziehen,
einen ledernen Riemen,
damit die Spuren verwischen
und wir nicht ins Alte zurückfinden.

70. Das Kreisen um den Zylinder

An den Fenstern, stets ein Vorübergehen,
manchmal wünschte ich,
ich hätte mehr gesehen,
als die Dauer von Schatten.
An den Wänden, abgelebtes Weiß,
manchmal spüre ich die Kälte,
die bis nach Innen dringt,
das dünne Kleid,
kann sie nicht mehr halten.
In meinem Herzen schon ein Rauschen,
eine undichte Stell',
womöglich,
wo alles Leben ins Endliche fließt,
kein Zauber, kein Eingriff,
der diese Wunde schließt.
An heißen Sommern,
lehn' ich an der Wand
und kühle meine Stirn,
bevor's ein Fieber wird,
dankbar für das dünne Kleid.
In den Wintern dann,
wo man so wenig von den Farben weiß,
wünschte ich, die Schatten zögen schneller,
damit unter ihren Mänteln sich,
Totgeglaubtes erhebe.

Und du fragtest mich,
wie lange zählt es sich, bis ins Ewige,
an meinem Herzen stets dies Rauschen,
noch bin ich nicht leer gelebt,
bitte dich, nachzuhören,
ob's noch durch die Netze fließt,
„ein kleine Wund' ist's nur",
die du mit einem Kusse schließt.
Das Kreisen um den Zylinder,
bis es Zauber wird.

71. Verstehen

In den Anfängen alles eingeschrieben,
was einmal wird,
im Samen schon Form und Seel'
und alles Ringen
und alles Lieben,
von oben Blick ich auf den Flusse,
der verborgen liegt,
Narbe ist in einem Walde,
an dessen Rand ich stehe,
Sturmumworben,
tausende Jahre die ihn in die Tiefe gruben,
nicht um zu begraben,
zu erheben jene Seel',
die auf ihn blickt.
Im Himmel alles Blaue,
das mich auf die Schönheit blicken lässt,
die aus dem Dunkel kam und dorthin wieder kehret.
Im Herzen etwas Neues,
was schon immer ward,
ist nun aufgedeckt,
das sich in anderen Sprachen sang,
solange bis ich's verstehe.

72. Ein einzig' Feuer

Ich möchte bleiben,
wo die Hölzer blühen,
Blüte treiben,
auch im Herbste,
wenn sich schon die Stürme mühen,
für winterliche Neste.
Wo Könige sind und Königinnen,
nicht an ihrer Kron' sind sie zu erkennen,
an ihrer Milde,
lassen sie mich doch an ihrem Fuße ruhen,
kein Geld muss ich dafür geben,
nur einen Teil meiner Stille,
die mit mir aus dem Lärme floh.
An der Wurzel dort,
die dich an deinem Kleide zog,
dich bleiben hieß,
sind Worte begraben,
die durch die Erde schimmern,
sich über alte Lieder singen,
weil sie Welkes rühmen.
Die Sträucher die nach deinem Haare griffen,
tragen Früchte nun,
in derselben Farbe,
in derselben Süße.

Wer deinem Liede lauschte,
es durch seine Still' empfing,
ach jenen ist das größte Glück beschieden,
ihr Herz vergisst es nie.
Da ich unter jenem Schatten stand,
der auch dich vor dem späten Regen bewahrte,
strahlten unser beider Sonnen,
für einen Moment wie ein einzig Feuer,
das unsere Seel' erhellte,
wer es sah wurde Zeuge
und wenn ich heute auf sie treffe,
ach sie müssen mir von uns erzählen,
wie es dort im Walde brannte,
ohne einen einzigen Zweig zu verglühen.

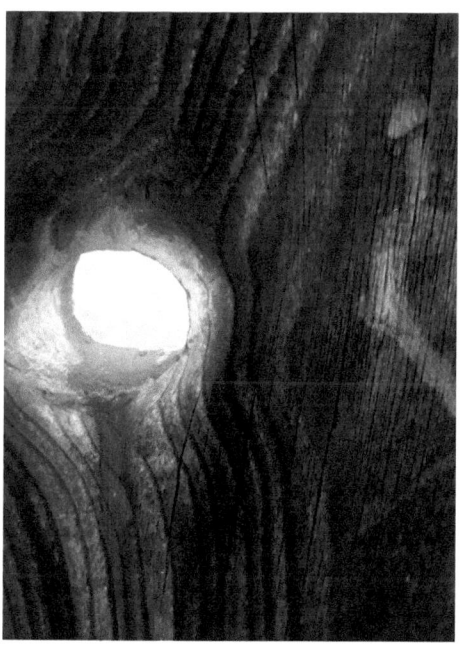

73. Meisterlich

Es gibt da was, was noch ungesagt,
Wahrheit trägt und Angst,
in welchem Schritte liegt's verborgen,
das Glück und sein Pfad,
in Allen möcht' man sagen,
doch das Gefühl das sich dort erneuert,
schüchtern ist's und rar.
Ich hör' es singen aus Ästen die noch unbedeckt,
mir ist's als sängen die Bäume,
liebliche Gesänge aus hölzernen Schnäbeln,
Eiche, Linde, Birke,
fügt euch ein in den Reigen großer Sänger.
Im Unsichtbaren erlass' mir Freigefühltes,
sei Meister mir nicht nur ungebunden' Gedanke.
Am Flusse,
wo es sich auch an dünnster Stell' nicht erwärmt,
weil viele Monde dort versanken,
sich erhoben zwar,
aber ihre Häute ließen,
um immer wieder neu zu sein für die alten Sterne,
die sterbend nur mehr blicken,
auf eine Erd' die längst vergangen,
auf der noch Regenbögen blühen,
auch Goethes, der ihn verzweifeln ließ,
doch ihn nicht vom Glauben stieß.

Es gibt da was, was noch ungesagt,
Wahrheit ist und Angst,
durch Wälder schleichet
und wenn es dort, ganz offen spricht,
weil's Herze stets vor mir rannte,
es versteht, ganz meisterlich.

74. Kein Winter

Etwas antwortet schon,
etwas Urversorgtes,
auf die Frag' nach Schwergewordenem,
dem Laster einer unerfüllten Seel',
die dem Leichten zugewandt,
nie aufhört davon zu schwärmen.
Kein Schnee ist's,
der die Kälte bracht',
auch kein Wind,
der vom Norden her durch's Eise strömte,
etwas mag,
in deinen Worten fehlen,
wo vorher überbordend' Herz,
heute nüchternes Geschehen.
Die Dinge benennt wie sie sind,
es fehlet Farb'
und jenes unwiderlegbare Gefühl,
das nicht aus Worten schwindet,
außer es wird hinausgenommen,
damit's keine Wärme mehr diktiert.
Kein Winter spricht,
ohne eine Blum' zu erwähnen,
die unter seinen Händen ruht,
behüt' unter 1000 kristallenen Augen,
die nicht eher einem fiebrig' Traume Sturm,
bis sie neuer Obhut übergeben.

Kein Winter ist's und dennoch Kälte,
eine Alte,
die schon Vergebenes,
mit Leblosigkeit hat befrucht'.
Wahrheit sprich!
Nicht die Meine,
kein Winter ist's,
abgelegte,
fernverwandte Spur.

75. Birnen und Eselsohren

Birnen, sag mir, sie sind bitter,
ein aufgeschlagenes Buch unter vielen,
die noch nicht zu End' gelesen.
Ich staune ob der Finger,
die sie zum Munde führen,
sie waren,
ehe ein Mund hat die Süß' gespürt.
Auf den Eseln dieser Welt,
so viel Last so viel Heil,
ich seh' sie über Bücher reiten,
in die Mitte gleiten,
wo sich Wellen teilen.
Manchmal fließt's in Bächen zu mir zurück.
Eselsschritte,
ich erkenne dich,
an ihrer Tiefe.
Und wenn mir der Honig dann am Morgen,
Wunden schließt,
die nicht im Traume heilten,
weil Worte rieben,
die noch nicht in die Still' geführt.
Übermorgen, vergess' ich mich,
hinein in mein leichtes Ich,
was heut' geboren,
zwischen Birnen und Eselsohren.

76. In zwei Stunden Rom

Schienen durch den Berg gebogen,
vermeidbar nicht das Dunkel,
das in ihm wohnt.
Künstliches Licht vor dem Tunnelende,
bevor er es ins Glimmen drängt.
Rauch, deckt uns zu mit Schwärze,
Kinder öffnen die Fenster,
sind Zeugen,
wenn ein Drache,
ein Feuer, in sein Seufzen braut.
Die Höhe,
die von den Gleisen durch Nebel fällt,
endet in Tälern,
die versteckt hinter offenen Türen lauern.
Bäche, so rostig wie ihre Brücken,
ich bin froh, dass sie uns noch tragen,
keine Abscheu vor unserer Schwere haben,
die nicht die ihre ist.
Vornehm jene Sonne,
die gläsern sich vergisst,
wenn sie in mein Auge fällt,
das diese Reise zeichnet.
Spät nur spät ist unsere Ankunft,
2 Stunden noch bis Rom,
ein Ort wohin wir niemals wollten,
auch wenn alle Wege dorthin führen,
2 Stunden eher ist noch Stille,

und die Möglichkeit zu fliehen,
in den Büchern, die mit uns reisten,
sich in unsere Träume retteten,
mit steter Warnung,
keine Seit' zu überblättern.

77. Erstes

Ach was will's noch,
das Alte,
das Beste,
aber nicht für mich.
Wo sich Wege schon zu Straßen formten,
dort möcht' ich in Gräben fliehen,
meine Schuh' mit Resten füllen,
die dort abgelegt,
noch vor dem Herbste.
Gegenwärtig,
dort bin ich vollendet,
sprich, ich blicke auf mich nur selten,
wenn's ein Spiegel von mir will,
seh' ich dort das Schöne,
dann bin ich dort,
wo sich nichts mehr mehret,
außer die Lieb',
die dorthin stetig kehret.
Ist es Liebe, ist es Flucht,
ich leb' in einem Widerspruch,
der Gefühle.
Lass mir der Stille Flüstern,
die so viele Tore hat wie Türen,
im Herzen noch so viel Ungeschautes,
ein Raum der unbedachten Verse,
die Gesänge führen,
auf der Melodien Weichen,

Hinauf, Hinab,
eine Reis', die mich nicht ermahnt,
sondern lässt, mich lässt...
die ohne Worte, Lieder singt,
im Erwidern nächtlicher Belehrungen,
die Schattenhoch Wände zieren,
die am Tage noch, vom Lichte glühen,
ehe ich es in mich staune, restlos
und mir über's Herze wische,
das niemals satt,
zu übergroß die Meng' an Bejahtem
und Verneintem
weil dort alles, alles seinen Platze findet,
es zu stillen in der Liebe Mühen,
zu wählen was dem Guten noch im Guten dienet,
ohne es zu brechen,
das Herze,
das mir bleibet,
wenn ich hinausgeschüttelt aus meinem Leibe,
Seelendünn,
ins Erste gleite.

78. Herbstsonne

Angegrünte Mauerreste,
die verschwinden,
wenn da ein Frühling,
so groß wie zwei.
Dort wo dein Herze ist,
dort ist Meer,
eines, das in die Weite reicht
und unsere Fersen küsst,
wenn wir zu lange vor ihm stehen,
uns mit Worten Schönes wünschen
und in der Still' zu Ende sprechen,
was nur angedeut'.
In deinen Armen,
ein weiter Garten,
Herbstsonnenwärme,
in der ich mich golden fühle,
mich verströme aus meinem Ich,
weil es so viel Du, zu entdecken gibt.
Dieser Garten bleibt,
auch wenn ich mich aus ihm löse,
er wird Sehnsucht mir,
wenn ich in andere Richtungen reise,
in Halbparadiese,
vollkommen das Eine nur,
wo das Novemberdu,
das mich erwart' und ich erwart',
die Herbstsonn',
auf ihrem höchsten Stand.

79. Golden

Im Zweifel stets ein Retter,
gegangen, nein, ist nicht Ostern,
wir sind's, die weiterzogen,
bis wir es wieder überrunden.
Keine Wanderer heut', nur ich.
An meinem Rücken lehnt eine Kapelle,
deren Glocken nur mehr vom Wind geschlagen.
In mir toben Müdigkeiten,
die von sich erzählen
und mir die Eine, Große mildern,
die mir keine Träum' mehr lässt,
nur Schwere,
die nicht abgetragen,
auch der Still' die Würde nimmt.
Moosgrün, der sanfte Teil,
der heut' auf mich blickt,
der Raue, ist in Wangenhöhe,
eine hölzerne Kapelle,
liegt nun an meiner Wange,
unbehauen und voll mit Gesängen,
ein Gottesdienst auf dem Dache,
wo Stürm' sich drehen,
bis sie wieder Wind.
Verbraucht, alles Erb' verbraucht,
mein Herz um Almosen bitt',
es klopft sich von Tür zu Türe,
hinter deiner, weiß ich Stille.

Sandelholz lockt Bienen,
ich streichle ihre Flügel,
während sie mich abtragen,
Schicht für Schicht,
mich an ihre Füße packen,
bis ich Honiggolden in einem Sechseck schlafe,
reife hinter Fenstern aus Wachs,
der Drang nach Süße,
wird sie wieder öffnen,
noch kühlet mich ein Flügelschlag,
wird mir zum Gesang,
in Träumen die den Schlaf mir füllen,
von dort aus,
werd' ich mich ins Menschsein wagen,
zurück, doch leise nur,
schüchtern wie ein Kind,
da es alles für sich bestimmt,
unbestimmt,
wie die Mitte einer Geschicht',
weiter wird die Süß' nicht heilen,
doch in einem anderen Mund,
oh, darf's nicht weiter sein,
die Fenster sind schon aufgeschoben,
Gold, aus meinem Fels gefühlt
und der Regen der aus seinen Waben tropft,
übervoll,
ist auch in deinem Lichte golden.

80. Neben mir, Frühling,

kein Vertrauter,
einer im ersten Jahr,
wo noch viele Schritte innehalten,
staunend das Gesehene verwalten
und das Erspürte,
das dort nie zu früh,
weil es sich schon vor dem Winter sehnte,
mir das Herze stimmte,
auf ein Liebeslied.
Im Almanach der Gefühle,
steht's zu Vorderst,
Dank und Lieb' sind Eins,
seh' ich die Himmel,
weiß ich, sie blicken zurück,
mildern mir die Einsamkeit,
die eingesenkt in Frühlingslosen Nächten,
die Kälte noch vor der Wärm' gebären.
Im Holze noch ein Funkenflug,
der einmal Wald war,
ehe er Baum, ehe er Glut.
In der Stadt dann,
wo ich schlafe und doch nicht ruhe,
überlässt man mir auserzählte Stille,
die mit Mühe noch,
mich zum Schlafe führt,
der Träum' berührt,
die man durch dieselbe Stadt trieb.

Ach, die Bilder die sie mir malen,
ich bin froh,
dass ich sie nicht auch am Tag bewohn'.
Ich eile hin zum Walde,
noch viel lieber wär' mir das Meer,
die Träum' die ich dort ernte,
oh sie zwingen mich,
zurückzukehren
und die Stadt zu lassen,
die einst Wald war,
die einst Meer.

81. Wiedersehen

Was ich erfühl',
was ich erblicke,
ist nicht mehr erhellt,
aus eigenem Lichte.
Der Wandel der mich umgibt,
ist Stillstand nur,
weil er anderes will,
als ich es möchte.
Mein Eigensinn verbraucht sich nun,
in Mengen,
selbst die Lieb',
nicht verstummt,
murmelt,
wie es Flüsse tun,
wenn sie durch enge Betten treiben,
dass sie mir doch erhalten bliebe,
dass sie mir doch erhalten bliebe,
damit ich mir erhalten bleibe.
Berge, die nicht mehr beladen mit Höhe,
ein viel zu enger Gürtel mit zwei Löchern,
Druckstell' sind auf meinen Träumen,
die mich einst luden zum erlernten Fluge.
Umschritten ist's dieselbe Weite,
die sie mir von Oben boten,
doch gefühlt mit wunden Fersen,
ist's eine Andere, als die Erklommene,
der Tief' Entkommenen,
die in Stille, Weite lohnt.

Ich sehn' mich aus zu dir,
wie das Meer,
das Abgründe füllt,
sich selbst Dunkelheit ist und Licht,
sich an Ufer schiebt und an meine Füß',
kühlt, den unbedachten Teil,
damit wir uns im Traume neu begegnen.

82. Wanderabschied

Viele Fernen warten
und nur eine Nähe,
in der Sonne wohnt kein Zufall,
ein strenger Wert für Licht,
damit ich dich auch im Verborgenen sehe,
wenn noch zuviel Schatten auf meinem Auge liegt.
Einer, der sich nicht von allein erholt,
sich selbst in großen Mengen spendet,
weil er nichts in meinen Taschen findet,
was ihm zum eng.
Ohne Vögel heut' der Morgen,
das Späte hat sich vollbracht,
ohne an etwas Frühes zu erinnern,
am Flusse noch dieselbe Biegung,
die stets zu viel Wasser wagt,
die Felder, mit ihrem zu Viel ansengt
und sie braun werden lässt,
die Schuhe mit nach unten zieht,
wenn man versehentlich auf sie tritt,
um die ausgelegten Bretter zu erreichen,
die wie Hosenträger,
auf den harten Rücken führen,
über's Kreuz hin zu meinen leeren Taschen,
die mit Schatten schon gefüllt.
Die sich einfarbig bewähren in meinen Lebensfalten.
Noch ist darin Tunnelschweigen,
doch wehe darin bewegt sich Liebgeküsstes,
das so anders angewärmt,

als es Sonnen könnten,
so ist's jeder Schwere Drohung,
die meint, sie wäre Schattengleich
und fände darin Schutz und Versteck.
Im Tunnel künden Chöre Neues,
das sich im Fahrtsturm ins Alte drückt.
Rapsfelder die so grell sind,
dass sie schon Erlahmtes lähmen,
zurück in die Stille drängen
und sich ein neuer Blick an die Freudenleere gewöhnt.

83. Bruchstelle

Gekachelter Himmel,
Fliesen mit Versatz,
wechselnde Farben,
meine Hände kalt.
Ich geh' nicht mehr gerade,
Worte drücken,
als ich sie las,
wurden sie mir Last.
In meinem Mantel noch das Gegenüber,
das vor mir saß und so tat,
als wären diese Worte normal,
Alltagstauglich,
darunter eine Zahl,
keine Rechnung, keine Gleichung,
rohe, blutrote Zahl
und eine Linie, die sie trägt,
so schwer,
als säße sie auf einer Krankenbahre,
regungslos und doch da.
Ich zerschlage sie zu Scherben,
mit allem was ich habe,
vor allem mit Gedanken,
das Kaputte verleiht sich nicht,
es bleibt mir Ganzes,
es bleibt Geschenk.
Ich rechne nochmal nach,
ist das Glück schon abgezogen,
oder noch darin enthalten?

Meine Hände sind kalt,
die Nummer wählt sich schwer,
das Glas lässt mir meine Kälte,
am anderen Ende,
ein Lächeln,
es ist kaum zu hören,
da ist so viel Stille
und doch genug Leben,
um es als Lächeln zu bestimmen,
ein, zwei Worte
und die Scherben sind wieder an ihrem alten Ort,
der so ganz ohne war,
nicht aber ohne Brüche.

84. Schacht und Anker

Der Mond wirft seinen Anker,
lautlos,
in den See,
der mitten in der Stadt,
sie teilt in gut und böse,
wo ich steh',
weiß ich nicht.
Eine Brücke,
die den Schwänen und den Enten,
Fluchtwasser lässt,
manche würden hineinspringen,
doch für Tiefe ist es zu niedrig,
Verschwinden, nur zur Seite hin,
wo sich Müll in Ästen fängt und
Tütengeister wehen
und Laternen mit stoischer Fackel leuchten,
dorthin wo der Lichtanker fällt,
dort ist eine Leine,
die mich und auch mein Herze hält,
auch wenn wir schwer
und an Fluchten denken,
weil jede Seit' sich gut heisst.
Der See, der wie eine Stirn,
beide Seiten vereint, ist launisch,
legt seine Stirn in Falten,
knistert das Licht,
zu ein erwartbares Bild,
das sich stets neu bewertet,

wenn ich in diesen Spiegel blick',

der Anker ist und Schacht,

die Brücke wackelt,

wenn ich springe,

bin Hüter und doch Kind,

die Schwäne die unter mir,

wie Wolken treiben,

sind's die dieselben,

die schon damals mit meinen Träumen spielten?

Von fern Sirenen

und etwas Qualm,

etwas steht in Flammen,

ich denk' an den Herd

und eile zurück,

vergessen,

hab' ich ihn noch nie,

vielleicht jetzt das erste Mal,

vergessen,

die niedrigen Fluchten

und das Ankerseil,

das nach oben zieht,

wenn das Sichelboot die Nacht

und ihre schmalen Ufer verlässt,

die Träume begradigt

und die Angst,

nicht dort zu sein,

wo das Leben ist.

85. Kopie

Auf meiner Lunge sitzt die Nacht,
Roggenfelder aus Stahl,
ich atme nicht schwer,
doch tief, dort wo die Träume sind,
unangesehen, ein Album mit Band,
Doppelknoten, gegen das Vorher,
noch bin ich nicht dazu eingeladen,
hineinzuschauen,
es fehlen noch die übersalzten Augen
und der Grund,
etwas auf den Sims der Müdigkeit zu stellen,
dessen Stimme heute brüchig,
im Glockenturm eine bronzene Birn',
die beständig mir die Stund' verrät,
die verrinnt,
ausgedünnt, nicht gefüllt,
die Süße schon im Turm verteilt,
jede zerschlagene Stund' hat ihre Biene,
die Trauer summt und die Süße sammelt,
bevor sie welk in mir verstummt.
Weil Vieles dort verstummt, was nicht gerettet,
durch den Schlaf hindurch und den Traum,
der nimmt,
was sich nicht am Tage hält,
aber mir Abzüge lässt,
blasse Kopien,
die im Original nun bei ihm abgelegt.

86. Datteln und Bier

Da sind noch Plätze,
die Sicht ist gut,
über uns Möwen,
womöglich,
eine Jacke für zwei,
vor uns ein Fluss.
Zu hohes Gras,
Käfer und Spinnen,
die auf den Spitzen wippen,
um den Enten zuzusehen,
die heute nicht bedächtig,
sondern wild.
Küstenlicht und Küstenwind,
bei geschlossenem Auge:
Meer,
roten Wangen und ein Kribbeln,
Hund und Herr,
kein Stock,
aber Neugier,
Nähe, so ganz Jetzt,
und Datteln und Bier,
Wir.

87. Den Wanderstab schälen

Der Winter brachte Steile,
Schranken aus Holz,
ohnmächtig und schwer,
nicht tot.
Geröll, was der Regen brachte,
zum Glück nicht aus Wolken,
Umkehr wartet dort wo ich kurz raste,
meinen Atem fange,
nur ein Gedanke
und doch so stark,
dass ich wie Jakob mit ihm ringe.
Und Stimmen,
die mich bedrängen ich sei in Unterzahl.
Ein Stock noch nicht bereit zum Kampf,
versteckt,
damit's einem Feuer gut erginge,
wartet auf meine Hand,
noch ist er Geäst in einem Käfig seinesgleichen,
noch bin ich mir Käfig zwischen meinesgleichen,
ich greif' hindurch,
um uns beide zu befreien.
Die Schwere ist nun halbiert,
eine schmale Wand,
die ich mit mir führ'
und mich stützt,
wenn mein Gebäude ins Wanken gerät.

Ich gehe mich zu Wasser,
meine Füße,
wie Sandsäcke nachgezogen,
damit es nochmal wie ein Schritt wird.
Der Gipfel nicht mehr Ziel,
nur mich erhalten, auf dem Wege
und während ich mit mir
und der Weite ringe,
die aufgestülpt mir im Wege liegt,
schäle ich den Stock,
bis auf seine weiche Seite,
hinterlasse Krumen,
nicht für mich, für jemanden,
der nach mir sucht,
weil er mich zu Hause nicht mehr find'.
Die Gipfel mit Kreuze markiert,
ich ziehe weiter,
ohne nach dem Schatz zu suchen,
der sich hier stets neu verliert.
Bald ist es wieder Abwärts,
eine Grube ausgelegt mit Wäldern,
die Füße kleiden sich noch mit Schwere,
doch die Gedanken scheinen ausgeleert.
Wohin, ich möcht's nicht wissen,
dieselbe Streck', nie mehr zurück.
Zwei Pferde malen mit Staub,
ich mag ihr Traben,
die Eile, die keine ist,
nur von dem, der sie hinunter dirigiert.
Die Ebene erlässt mir die Schwere.

Ich gehe gebückt, gestützt,
auf einem Stabe,
den ich mir ins Unsichtbare schälte,
dorthin, wo Gedanken Seele reiten,
ohne Sattel, sich Freiheit sind
und ich mir Käfig.

88. Rote Ameisen

Die Kastanien noch am blühen,
Dreiecke auf Ästen,
die kleine Bäume gebähren,
im Herbste,
wenn schon das Meer war,
das so erfreulich mit unserer Erwartung sprach,
noch ist Frühling, ein viel zu warmer,
der sich selbst genießt,
dem großen Bruder Sommer, hinüberwinkt, schelmisch,
was du kannst, das kann auch ich,
irgendwann, wird einer von beiden gefressen,
die verschwundene Zunge,
schon jetzt.
Ob da noch Spuren sind,
von uns in den Sand gedrückt,
oder die Stempel schon verblasst,
ob sich das Meer,
das von unserem Salz kostete,
noch an uns erinnert?
Wie unser Willkommen schmeckte,
wie unser Abschied?
Rote Ameisen dort,
wo Süßes,
keine Wespen,
der Wind ist zu stürmisch,
als Kind flüchtete ich auf die Füße meines Vaters,
meine Schwester hielt sich am anderen Bein,
während die Ameisen in seine Sandalen liefen,

er schwankte nicht, blieb Baum,
seine Hände rochen nach Motorenöl.
Schwarze Fäden,
auf seinen Handflächen,
die blieben, bis zuletzt.
Die Lebenslinie schwarz und doch so viel festes Licht.
Am Meer war er Kind,
ich wünschte er wäre dort geblieben,
dort wo wir jetzt sind,
er würde uns begrüßen,
jünger wohl als wir,
sich freuen über unsere Liebe,
mitgebrachte Kastanien von dort,
wo schon der Herbst blüht
und das Meer zu wenig ist,
weil es nur die Erinnerung berührt.

89. Schlagseite

Im Herzen, dort lagert etwas Großes,
etwas, was stets an meine Wände stößt,
wenn es zu sehr rüttelt,
wenn sich Stürme strecken und das Meer
und es rutscht wie eine lose Kiste
und Löcher schlägt in Nächte,
aus die der Schlaf dann rinnt.
Schlafleck.
Es zu stopfen gelingt mir nicht,
es weiß von sich abzulenken,
mit Tageswürfen und ich eile hinterher.
Ein Hund mit mehreren Köpfen,
der lauert, weil der Lichttrieb größer,
als die Mondgerupfte Nacht,
deren Federn mich bedecken,
doch jede Regung macht mich nackt,
deutet auf die ausgebeulte Seite,
auf das erwirkte Zeichen,
das fordert: fühl mich zurück.
Im Herzen lagert etwas Großes,
etwas, was mich kleiner werden lässt,
wenn ich mich darum sorge,
dass es nicht an meine Wände stößt,
wenn es an die Lieb' gebunden,
kein Raum mehr gibt für Stoßwunden,
umgeben von dem dunklen Wunder,
das hell wird, wenn es aus Wunden strömt
und helle Narben zieht,
und flüstert: hier lieb' ich dich zurück.

90. Verzeihende Sommer

Schnee, auf den Wiesen,
seine Blüte niedrig,
doch seine Farbe auf niedrigster Blüte,
voll und weiß.
Sonne erinnern,
es ist Frühling,
das Gefühl noch vage,
von Hitze und verkürzten Nächten,
die mich nach mir befragen,
solange,
bis ich in eine Antwort hinein entschlafe
und mich auf Träume umverteile.
Auf den Gleisen Regenstoppel,
gläserne Käfer die erst bei einem Windstoß krabbeln,
zu fliegen haben sie verlernt.
Ich blättere in einem Buch,
darin ist Winter, zu viel,
ich lege es beiseite, mich friert.
Der Himmel Mauergrau,
etwas Blau in seinen Ritzen,
ich mag es, wenn es wuchert,
sich niemand darum kümmert
und Vögel darin nisten
und Träume,
die in den Nächten fremdbestimmt.
Wohnungssuche, in zwei Stunden, Besichtigung,
kein Himmel,

aber drei Fenster und kein Balkon
und das Heulen von Wölfen,
im nahegelegenen Zoo.
Ich fühle mich heimisch,
ich hoffe auf einen Handschlag,
auf ein Bleiben
und auf das Stockmaß,
städtischer Blüten,
im Winter noch mehr,
als im Sommer,
der leicht verzeiht.

91. Ewigkeiten

Auf dem Ast,
auf dem ich niemals saß
und mir jetzt das Gewicht der Kindheit fehlt,
Moosbezug,
Herbstverschmutzt,
Laub und rostige Nadeln,
darüber verteilt,
gewürfelt aus einem weisen Becher,
der weiß, was dort zu verweilen hat.
Es lädt nur jene,
mit schmalem Fuß
und kleinem Flügel,
wer dort sitzt der hat es gut,
die Aussicht ist ein spätes Wandern,
weg von dem was hält.
Unsere Initialen eingeritzt,
vielleicht ist da noch etwas Blut,
weil ich mich damals schnitt,
ich hatte vorher sowas nicht geübt,
ich litt mit dem Baum und seiner unversehrten Haut,
die jetzt Wunden trägt,
liebgeritzte Wunden zwar,
die bis jetzt nicht ausgesundeten,
blieben,
uns beim Heilen aussparten
während unsere Liebe weiterzog,
andere Initialen vor unsere schob.

Ich streiche darüber,
wünschte dort stünde nichts,
während wir uns ins Vergessen heilten,
hält sich dort der Wunsch,
nach Beständigkeit.

92. Herbstwaisen

Die Stadt schläft mit offenem Mund,
manchmal möchte man sie stoßen auf die Seite drehen,
damit wieder Stille,
doch trunken gibt es keine Stille und keinen Schlaf,
nur wortgewaltigen Traum,
der sich am Bewusstsein stößt,
bis dieses seinen Auftrag meidet
und nur jene Stellen vermisst,
wo man die Sinne noch nicht erlernte.
Es regnet aufgeregt
und wir werden weniger.
Eine laue Umarmung,
an der nichts mehr reift.
Ich liege wach,
weil es im Schlaf keine Sicherheit mehr gibt,
nur Steigendes, Wieherndes, Ungezähmtes,
das sich mir nicht anvertraut,
sondern verweigert.
Wie die Küsse,
die flüchtigen Berührungen,
der Kopf ist dort wo der Wimpernschlag ist,
kein geschlossenes Auge mehr,
wir erkalten noch vor dem Winter,
einen Herbst hatten wir nicht,
obwohl wir beide darin geboren.

93. Verwundete Stille

Losgelöster Drache,
himmelblau,
nur sein Faden ist zu sehen,
kann ihn greifen nicht,
er flieht,
doch bleibt er in meinem Aug',
das Risse sieht,
wo immer er seiner Wege zieht.
Selbst dort, wo die Sonne ist
und das Licht in unsere Gefäße gießt,
ist ein feiner Schnitt,
geführt mit einer Kante wie Papier,
nur viel, viel dünner,
stets ist dort ein Schimmer,
damit ich's nicht aus dem Aug' verlier'.
Ich springe hinterher,
manchmal wie ein alter Mann,
manchmal wie ein Reh,
mein Herz ist näher an der Leine,
als meine Hand,
die dorthin greift,
wo sie schon gewesen.
Und wenn der Drache dann gefangen,
zurückgeholt an seiner Schnur,
wie ein Fisch an seiner Angel,
ist der Wind mir nicht mehr Sturm.

94. Mit leeren Taschen

Das Darunter,
und das Darüber,
vielleicht ist es besser so,
keine Druckstellen
und dem Rücken tut es wohl,
etwas bricht doch immer,
bin schon umgeknickt auf gerader Strecke,
biss mir auf die Zunge,
obwohl ich ihre Lage kenne,
lerne Stolpern auch im Stehen,
blicke zurück ohne mich umzudrehen,
esse heut' am Boden,
weil Tisch und Stuhl noch fehlen,
ich bemerke ,
dass ich mich verkrümme,
lehne an der Wand
und hör' nebenan jemanden singen,
die mit selber Stimme,
auf dem Flur, leise grüßt,
ein Geräusch nur unter vielen,
hier blüht's,
in der Einsamkeit meines Zimmers,
das Höhle ist für Echotriebe,
die sich verzweigen,
ihre Quelle verschleiern,
im wilden Puls ihres Verwehens.

Keine Vorhänge, keine Jalousien,
die Nacht spricht deutlich,
auch die Stadt und ihr Licht,
weil sie nicht Antiraum sind,
das manchmal künstlich zu mir blickt
und starrt, stundenlang auf mich starrt,
während ich am Meere stehe,
Traumtief, mit leeren Taschen.

95. Frischwäsche

Es riecht nach feuchter Kleidung,
sie färbt die Luft dick,
ich atme künstliche Düfte,
Wiesen, die nie geblüht.
Ich weise mich ein,
in den nächsten Traum,
weil ich ihn nicht ertrage,
den schroffen Ton des Tages,
er drängt mich hin zur Milde
verschlossen noch seine Türen,
doch wenn ich klopfe,
wird mir aufgetan,
dann packen mich zwei Träger,
führen mich auf mein Zimmer,
das nicht lange leer stand,
ein paar Stunden nur,
manchmal ist mein Bett noch warm,
die Decke nur halb zurückgeschlagen,
als läge ich dort noch in Erwartung.
Seine Wände,
Schalldicht,
frei bin ich erst,
wenn er mich entlässt,
die Flucht ist nicht nötig,
ich werde stets dorthin zurückgebracht,
oder ich kehre selbst,
weil ich es nicht ertrage wie der Tag mit mir spricht.

S Laute, ohne Stille,
eine Schlange die während dem Zischeln, schlingt.
Gesprayte Pinguine,
ich wünschte sie wären echt,
da ist noch Platz auf ihrer Scholle,
wir treiben dann vorbei an Wänden,
bis diese enden,
in der Fundgrube weggedachter Orte.

96. Nachgewittervögel

Auf den Dächern Taubenkalk,
manchmal sitzen sie dort wie auf einer Leine,
nicht um zu trocknen,
vielleicht um nach mir zu sehen,
wenn ich nicht am Fenster stehe,
sondern schreibe.
Im Himmel ist noch Regen,
einer, der noch nicht befreit,
getragen noch in Taschen,
ich seh' ihn und wie er sie wölbt.
Dann möcht' ich zur Gitarre greifen,
doch sie steht noch dort,
wo Halbparadiese nie ins Ganze reifen.
So übe ich mich alleine in Nachgewittergesängen,
ernenne Melodien zu Offizieren,
die da sind,
wenn ich durch Gewitter eile,
nicht weil ich Blitze fürchte,
doch ich möchte dort sein,
wo man das Überwundene besingt.

97. Laufen lernen

Zu verschenken,
Reste,
ich kam zu spät,
aber noch vor dem Regen.
Sonne, der Teer blendet,
sichtbar all die Risse in den Wänden,
manche blass,
manche bunt geschminkt,
am Ende Mauern nur,
die Räume schufen,
Räume nahmen.
Vor dem Bäcker - eine Schlange mit vielen Mäulern,
im Karton, ein Buch und Scherben,
was es einmal war,
lässt sich nicht mehr sagen,
es fehlt ein Teil,
der davon erzählt.
Ein Buch,
mehrmals schon gelesen,
Splitter zwischen den Seiten und ein Brief,
soll ich..?
Worte einer unvollendeten Liebe,
ich möchte es zurücklegen,
beides,
zu den Bruchstellen ohne Erklärung,
die Namen nicht zu entziffern,
nur der Juni und der Tag,
an dem die Scherben laufen lernten.

98. An Sonnentagen

Im Regen, Ruinen wiederbelebt,
wie sehr sie von ihrer Blüte erzählen
und was sie wurden,
ich fühle mich verbunden,
in Sonnenstunden,
fallen sie zurück in ihr Schweigen,
verschwinden hinter aufgeregten Schleiern,
in der Eleganz von etwas Neuem,
das plaudert,
geschwätzig grünt,
sich in Herbstferne wähnt,
noch nicht ahnt,
dass eine Ruine in ihm zahnt,
schweigend macht,
an Sonnentagen,
die Stille buchstabieren
die ich Dialektfrei spreche.
Krähen wandern auf der Fensterbank,
suchen nach etwas Essbaren,
vielleicht ist etwas bei mir zu finden,
dann geht's in die Lüfte
und sie werfen es wie Nüsse,
auf die Straße
und es springt in zwei Hälften,
eine, die nährt,
und Eine, die leer
und wie eine kleine Hufe klappert,
wenn der Wind sie zurück in Gräben weht.

Im Regen, Ruinen wiederbelebt,
ich hör' so manche Trommel,
die alte Geister beschwört,
wenn man bis sieben zählt,
ohne an eine Woche zu denken,
aber an jene Stunden die uns bleiben,
um von unseren Ruinen,
Aussichtspunkte zu entleihen,
die hinüberwirken in das Ganze,
das an Sonnentagen,
Liebe anders buchstabiert.

99. Dunkles Papier

Unter Bäumen,
Schraffiertes,
das an unsichtbare Ränder stößt,
als weile dort eine Künstlerhand,
Katzen sitzen manchmal dort,
nicht der Schatten wegen,
der Flügel..., dieselben,
die in Träumen Begehrlichkeiten wecken.
Im Winter, wenn die Bäume laublose Winde laden,
sind's nur mehr Skizzen,
die über uns zeichnen,
wenn wir dort sitzen
und Gedanken entbinden,
die schon vor ihren Geburten weinen
und dann lächeln,
weil sie ihre Eltern erkennen.
Im Mond immer ein paar Reste,
die behutsam mit mir sprechen,
sehen in mir keinen Fremden,
ich lausche an meinem Fenster,
das ich so weit öffne,
das kein Kreuz uns trennt,
ich mag dem Gefühlten nicht widersprechen,
da es mich mit Namen kennt,
meine Reisen um seine Spiegel,
ohne mich selbst darin zu spiegeln,
mir fehlt das Licht einer fernen Sonne,
und der Stift für dunkles Papier.

100. Wunder

Anerzogenes Gewitter jetzt,
die Wolken kennen es nicht anders,
wenn kalt auf warm trifft.
Kastanien schaukeln,
zu jung um zu fallen,
der Wind ist ein milder Begleiter,
lässt dem Regen seine Richtung,
Die orangene Stirn gegenüber
schwitzt in rostige Rinnen,
Blitze atmen Donner aus,
wie unruhig er heute ist,
man möchte helfen,
sich vor ihn stellen,
und brüllen: sieh her!
doch es atmet ihn,
wie es mich atmet,
in den Gärten schon zu viel Wasser,
am Ende ist's ein Spiegel so groß wie ein kleiner See,
der die Sonne nach unten holt
und dann verschwindet,
manchmal steige ich in ihn,
sanfter Spiegel ohne Scherben,
sehe meine Füße auf die andere Seite gleiten,
deren Gänze bleibt mir Geheimnis.
Ich drücke auf speichern,
der Moment soll bleiben,
damit ich dir davon erzähle,
irgendwann,
wenn der Glaube nicht mehr für Wunder reicht.

101. Grüne Paprika,

so ernsthaft heute,
nur das Salz nimmt ihm die Scheu
und das Bittere.
Der Himmel heute wichtig blau,
ich stell' mir vor er wäre bitter Grün,
wie das auf meiner Gabel.
Dann wären alle Seen grün,
kein Blau, das sich darin spiegelt
und ich stürzte von den Wiesen in eine feuchte Tiefe,
die nie anders ist,
als das was über mir.
Und die Sonne wohl,
wie mag sie sich in den Himmel zeichnen?
Und die Wolken,
die mit ihrem Weiß dort prahlen, makellos,
als wären sie beweglicher Schnee,
ein erster, der noch taut,
weil das Grün noch angewärmt,
von einer Sonne, unverdaut.
Es ist noch zu früh um ins Bett zu gehen,
es ist noch hell,
weder Mond noch Sonne sind zu sehen,
was das Licht erhält, ich weiss es nicht,
vielleicht sind's wir
und was noch nicht bitter geworden ist.

102. Mauersteinehen,

ein Gerüst vor dem Fenster,
ich sah nicht wie es erstand,
sich streckte,
vom Boden,
bis an den Fensterrand,
auf dem Gerüst schon erste Reste,
einer abgeschlagenen Wand,
darunter Ziegelrot.
Die Fahrräder die unten stehen,
bestäubt mit grobem Mehl,
auch die Tonnen,
die dort im Hinterhof,
mit offenen Mündern in den Himmel starren,
tragen weiße Stoppeln, 4 Tagebart.
Nachts, wenn nur der Wind auf dem Gestänge klettert,
sich versucht in Diebesschritten,
klopft Metall auf Stein,
manchmal ist dort ein Funke, der nichts entzündet,
ins Dunkle zurückverschwindet, ehe er wurd' gesehen.
Dann lieg' ich wach, hoffe auf Verspätung,
ein Morgen der sich verschläft,
um mich noch an dich zu lehnen,
Halt finde, in meinem losen Mauerwerk,
das in Halbtonleitern, Lieder singt,
das durch das Gestänge wandert und Flötentöne spielt,
wenn ich Leben atme und es von mir werf',
wie ein Papier mit misslungenen Anfängen,
für ein: ich liebe dich.

103. Sonnen in Zellophan

Müdigkeit mit offenen Knien
und die Erlaubnis mich um sie zu kümmern,
Stühle schon an den Tisch gerückt
und Wachs auf meinen Fingern,
Haut und doch kein Gefühl.
Fenster ohne Gardinen,
ich sehe meine Nachbarn und sie sehen mich,
doch nie, unterhalb des Fensters,
wo mein Leben aufgereiht,
ausgebreitet in Kisten,
kleine Welten,
gebückt nur zu erreichen und auf Knien,
Weltengrund,
wo es immer etwas dunkler ist
und das Licht sich in Punkte teilt,
Sonnen aus Zellophan,
ich überlebe,
denn ausgereift sind meine Kiemen,
alles Nackte lebt dort unten,
darf am Nacktsein zurückgesunden,
am Ufer meines Fensterbrettes,
eine Kerze, eine Pflanze,
Säulen eines Tempels der schon abgetragen
und das Bild einer Katze,
die auf einen Mondsee blickt,
wenn ich nach Oben tauche,
ist dies der Ort und der Grund,
um an Land zu gehen.

104. Alle Welt,

ist an einen Halm gebunden,
ich führ ihn mit in meinem Munde,
zwischen Liedern und einem Kusse,
mit ihm werd' ich meine Welt umrunden,
stets mit dem Blick auf sein Ende,
das vor mir tanzt im Rhythmus meiner Schritte,
nur nachts, wenn ich ihn neben mich lege,
ist's als verlör' ich mich.

105. Ränder

Das Parkett ist müde,
es gähnt in seine hölzernen Hände,
ich wage mich nicht zu bewegen,
um dich nicht zu wecken,
unsere Nächte getrennte Hälften,
eines vollgeschriebenen Heftes,
mit Blütenlosen Ranken und Tintenmalen,
Gefährlichen und Harmlosen,
an den Rändern,
wo es sich langweilt und Stille zurück entsteht,
an unseren Seelen noch Reste,
gebrochene Herzen,
beschwören Regen,
an den Fenstern Fingerpapier,
ziehe mir ein Lächeln,
unter Laternenaugen,
manchmal gehen Menschen
durch das Bild,
mit wehenden Mänteln,
wie gut,
sonst wüsste ich nicht,
dass dort Wind.
Kein Baum leitet es mir weiter
und die Fenster haben das Zittern verlernt,
sie sind zu alt für Ängste,
dämmen nun vor sich hin,
es gelingt ihnen nicht,

Schimmel an den Rändern,
Harmloser und Bedenklicher,
es bleibt feucht,
wenn Schatten versuchen zu wärmen,
Krähen leisten keine erste Hilfe,
fliegen vorbei,
flüchtiger Kajal für's Laternenauge,
das Lächeln ist schon verschwunden,
nicht das Meine,
es hatte einen guten Boten,
das Parkett gähnt,
ich habe es nicht geweckt.

106. Herzschnitzen

Etwas Stumpfem mag es nicht Antwort geben,
Klingentage, die sich verhaken,
manchmal,
weil es uneben,
Schichten anheben,
lösen,
die verwachsen,
aber nicht dort hingehören.
Der Fluss,
den ich nie umrunde,
nur überquere für das andere Ufer,
mag zu mir rufen:
„ich weiß wovon du sprichst",
wenn Regen seine Vene füllt
und er anwächst zu erlebter Fremde.
Es ist früh,
doch die Vögel schon verstummt,
meine Träume niedrig noch,
spüre sie in meiner Nähe,
ihr Ton in Flüsterfrequenzen,
die Straßen hier tragen Namen von Planeten:
Jupiter, Venus, Saturn,
die Späne nie am Boden,
kreisen wie Monde,
um den geschälten Kern,
der dem Baum die Frucht erhält,
auch wenn diese zur Erde fällt
und im Welken davon erzählt,

wie kurz das Leben ist,
während im Herzen schon ein Baum,
mit seinen Ästen,
an dünne Wände stößt.

107. Brücken in der Schwebe

Violine auf dem Rücken,
es könnte auch eine Bratsche sein,
wenn du übst,
über Notenleitern läufst ohne zu stolpern,
spür' ich Eckenfreude,
keine Enge, ein Ort zum Lehnen, Klangverstärker,
ich bin noch müde genug für Träume,
mein Kinn gestürzt auf Fingerknöchel,
dann auf den Arm gelegt,
der Blick nach Draußen wird mich noch etwas halten,
in einem Leben,
das gerade nördlich gestimmt,
du spielst Sibelius und dann Grieg.
Schienenschreie,
wenn Ankunft nötig,
Stahlgestänge,
mein Auge klettert ohne Atem zu verbrauchen,
Brücken in der Schwebe,
die ich nie betrete,
über meinem Kopf,
der selten Gedanken zu Ende denkt,
im Tunnel dieses Dröhnen,
das mich unter Wasser drückt,
ohne Wasser doch dasselbe schwerelose Glück,
nicht ganz Welt zu sein.
Ich gehe rückwärts heut',
vielleicht bringt es mich zurück,
zu dem, was Gestern verloren ging,

bis wir wieder Rücken an Rücken stehen
und die Sehnsucht drängt,
sich nochmal umzudrehen,
ohne den Gedanken,
ich hätte unser Bleiben übersehen.

107. Feuerstellen

Dünner noch als Gestern,
Gedankenparaden,
die in Hände klatschen,
barfuß stampfen,
als hätten sie Stiefel,
geschnürt mit schlaflosen Nächten.
Früher schrieben sie Lieder,
heute Parolen:
Trost - Zeitverschwendung!
Lachen, wenn ich Ihnen glaube,
treten, wenn ich widerspreche.
Eine Schere mit Eulenaugen,
die aus einer Kiste lugt,
Verborgenes in Erinnerung ruft,
Haare, Lust...
An den Wänden keine Bilder,
sie stehen auf dem Boden,
die Nägel würden meinen Aufenthalt verlängern,
ich ermahne mich nun öfter,
genauer hinzusehen,
genauer hinzuhören,
um es nicht noch einmal misszuverstehen,
wo Gott ist,
dort ist Feuer,
wo Feuer ist,
auch ein Meer,
an den Himmeln Möwenschrift,
ich glaube,
ich komme näher.

108. Rückkehr

Blau ist der Gesang,
noch bevor er Flügel,
sich hält an verwaisten Launen,
kreist und fällt und leidet, taumelt,
doch Segen ist für jene,
die nur hören, niemals sangen.
Ohne Brille, nur Erahntes,
ich gehe von Station zu Station,
selten ist dort ein Bus,
wenn ich komme,
ich gehe weiter,
nicht in Eile doch ohne Rast,
niemand hinter mir, auch nicht vorne,
ich bin alleine auf dieser Straße.
Abschied schon gelebt,
wir sind nicht mehr Gruß,
nur mehr Ferne,
nur die Katzen sind noch Wärme,
meiden unsere Hände nicht,
die sich meiden.
Heute waren da Kerzen
und ein Gebet
und Stille in der so viel Wut.
Ich sitze im Flur,
rechts von mir
Treppengedärm,
hier ist es schattig,
hier kann ich lesen,

die Sonne ist zu grell,
für Worte auf einem Kehrblech,
aus Papier,
kann Keines zurückorten,
nur mich,
da ist eine Pflanze,
ich liebe ihr Grün
und den Grund wegen ihr,
zurückzukehren,
bei Regenteer und Diagrammen,
die in Gräben enden
und aus Gräben wandern,
lass uns doch die Parallelen
und etwas Freude,
die immer seitlich an uns lehnt,
trunken, stolpernd, froh,
das jemand nüchtern,
auf der anderen Seite geht.

109. In 20 Minuten

Es ist erst Abend,
noch nicht Meer,
im Traume dann..,
bin noch angezogen,
meine Herzgewänder
noch nicht abgelegt.
Ich leuchte mir in den Moment,
wo Schönheit ist,
ganz unverletzt,
unbewertet,
Spaziergang vorbei an Menschen,
knirschend mancher Schritt,
Scherbengesänge,
als kaue ich auf Eierschalen,
Tropfen, erst Große, dann Kleine,
über mich von Windhänden verteilt,
sie sind auch Hand an meiner Wiege,
ich werde müde,
möchte dir nicht von meiner Müdigkeit erzählen,
nur von ihrer Notwendigkeit für meine Träume,
die mich zu dir führen,
über Steine,
Regenpoliert,
Spiegel mit Brücke,
zu dem Moment,
der sich darum mühte,
früh zu sein,

früher noch als jene Bitte,
vorbeizukommen,
„ich weiß es ist spät, aber..,“
schönere Worte gab's heut' nicht,
wäre fast mit ihnen eingeschlafen,
es ist erst Abend,
noch nicht Meer,
...in 20 Minuten,
bin ich bei dir.

110. Warten

Ich ziehe Kreise
auf einer Scheibe,
die Tropfen züchtet,
versuche Wolken einzurahmen,
möglichst viele,
grauweisses Gewölle,
doch sie wollen weiter,
kein Kreis mag sie halten,
ich male sie größer,
nur der Moment,
den sie bleiben,
wird weiter,
ich öffne das Fenster,
sie scheinen zu schleichen,
die letzten Worte die du schriebst...
„alles andere entsteht..."
Ich blicke auf die Wolken,
die sich Gestalten reichen,
Tieren und Göttern gleichen,
wir wollten beides,
zerrissen an den Möglichkeiten,
die sich voneinander fortbewegen,
auf der Wiese,
erste Schnecken,
ich mag ihre Geschwindigkeit,
manchmal ist es fast wie gehen,
schneller als mein Gefühl,

das noch auf Blumen hofft,
nicht auf meine Liebsten,
Gänseblümchen und Margeriten,
jene, die auch bei Kälte blühen,
Farben tupfen, auf dunkle Himmel,
die nicht die Meinen sind
und doch meinen Tränen gehorchen.

111. Ein Abend,

der ausreicht um den Tag zu mildern,
ich wünsch ihn dir,
weil ich ihn dir nicht schenken kann.
Die Kastanie, jetzt ganz Baum,
die im Wind verwildert, winkt, ich nicke,
man sieht es kaum, doch sie scheint's zu bemerken,
lächelt, mein Herz lächelt zurück.
Ich sehe ihre Füße nicht, nicht den Kopf,
in der Mitte geteilt von meinem Fensterkreuz,
ein aufgeschlagenes Buch,
mit einer Zweiseitenillustration,
ich wünsche mir Regen,
weil du ihn mir schenken kannst,
ich mag es wie er den Blättern widersteht,
nach unten fällt in große Spiegel,
um noch einmal zurückzusehen,
in den verlorenen Himmel,
der erst durch das Licht zurückgewonnen,
ich beneide diese Tropfen,
die sich ergeben, jener Stelle,
auf der sie geworfen.
Ich blättere mein Fenster,
nächste Seite, selbes Bild,
ich seh' dich winken, eine Welle,
wenn dort Regen wär',
der Freundschaft zweiter Fuß,
genug für etwas Liebe,
noch ist da Umarmung,
noch ist es Wunsch.

112. Schwalben kreisen unruhig

Auf meinem Fingernagel ein halber Mond,
ich sah ihn nie voll,
nicht hinter Wolken,
aber unter deinen Händen,
die mich geleiteten,
ein Stück,
bis wir beide uns zu fern.
Schwalben kreisen,
unruhig,
erwähnen ein Gewitter,
das schon grau skizziert.
Ich denke an die Wäsche
und an ein Ende,
das ich stets mit mir führ'.
Flügelwesen kreisen,
suchen salzige Stellen,
landen, stechen,
schmecken,
etwas was mir fremd,
was unter meine Haut gelegt,
nehmt euch,
auch von der Ferne,
die besonders schmerzt.

113. Papierflieger

Geliehenes, brennbar, leicht
Abendbienen ernten,
ich sah sie noch nie,
war nie dort,
um diese Zeit,
weil wir wichtiger waren
und uns doch aufgaben,
für ein paar Worte mehr,
und ein paar Gefühle weniger.
Es waren Junikäfer,
doch die Panik junger Mädchen,
war real..
Trennungsstreifen auf meiner Seele,
die sich dehnte, in Seitenstraßen bog,
weil sie floh
und doch nicht ließ, von den kleinen Zetteln,
die man sich unter Bänken reicht,
ja, nein, vielleicht,
ja und vielleicht, schon angekreuzt,
ich möcht' mich weigern,
doch es bleibt,
auch wenn ich den Zettel esse,
wie süß er schmeckt,
nur die Farbe die ist bitter,
so bitter bis ich Blaues würge,
denn sie ist Antwort,
die ich nicht wählte.

Du sagtest Papierflieger,
da war es schon geschluckt.
Ich leih' mir einen Zettel,
meine sind schon aufgebraucht,
eines ohne Kästchen,
dann wirkt's wie Poesie,
schreibe Antwort,
schreibe sie nicht in blau,
die ein Du vermeidet,
weil sie uns meint.

114. Rohbau

Noch keine Lampen,
Fühler an der Decke die ich nicht berühre,
hab' Angst sie könnten schlagen,
mit Funkenhänden,
selbst die Kerze trägt noch weißen Docht.
Noch, bewältige ich Unterschiede,
noch, genügt das Gegenlicht,
das von Gegenüber durch Vorhanglose Fenster tritt,
ich mag das Sonderbare dieser Nächte,
die nicht gedimmt,
aber von aller Widersprüchlichkeit befreit
vor dem Traume noch versuchen,
mir den Tag zu erklären,
versteh' ich's nicht,
steht der Traum bereit,
geduldiger noch, als abgelebte Zeit,
mich durch das Übersehene zu treiben,
das mehr ist, als was ich sah,
nicht bemerkte und doch so viel änderte,
aus dem Augenwinkel,
nur ein schmales Wunder.
Du erlaubst meiner Sehnsucht Hunger,
die sich nicht erläutert,
auf den Straßen Regenknöpfe,
möchte auf sie springen
und sehen was sie lösen,
mehr als Dubezogene Tränen,
die schon vorher waren,

die ich hier verteile,
nicht hinter mir,
vereinzelt von mir stoße
zurückfinden möcht' ich nicht,
mich verlaufen nur,
in aufgestauter Hoffnung.

115. Windmühlenflügel,

rissig,
in die schon Lanzen stachen,
mittig,
die nun rudern,
dort wo Weite,
den Sturm zulässt,
weil Wälder brannten,
von Flammenhänden weggekämmt,
Windmühlenflügel zwangen,
sich zum Richtungswechsel,
vergeblich,
der Wind mochte sich nicht ändern,
Löcher in den Gewändern,
doch nichts,
was man nicht nähen könnt',
bei Windstille,
Angstmoment,
weil er so nah am Tode steht,
doch dort ist jene ruhige Hand,
für eine feste Naht,
die sich nicht an Stürmen hält,
sie lässt,
wie ein Spiel,
das den Zufall vollendet.

116. Morgen

Ich möchte mich ausdenken,
damit es sich wieder lohnt
in meinem Kopf zurückzukehren,
während die Bäume mit ihren grünen Flügeln schlagen,
es werden jährlich mehr,
ich sah noch keinen über mir schweben,
Wurzeln machen schwer.
Nebenan,
jede Nacht,
dasselbe Lied,
ich weiß nicht an welche Erinnerung es lehnt,
ich höre eine dumpfe Melodie hinter einem Mauerkissen
und eine Stimme,
die sich manchmal darüberlegt,
damit das Herz näher ist,
so ganz jetzt,
manchmal um ein paar Töne versetzt,
manchmal möchte ich klopfen,
es beenden,
meist lasse ich es geschehen,
inzwischen finde ich darin Schlaf,
keinen Trost wie Nebenan,
doch es betäubt mir die Gedanken,
die über meinen Verstand wachen,
ihn verlachen,
weil er sich noch wehrt.

Am Morgen jeden Zweifel in eine Ecke gekehrt,
bis ich das Fenster öffne
und ein erster Wind,
durch die Häufchen weht,
die ich nachts,
wie kleine Fujiyamas formte,
ich meinte, ich hätte Vergessen hineingelegt,
doch der Fuji ist ein Vulkan,
worin das Unsterbliche wohnt,
ich werde darauf achten,
morgen,
ich lasse nachts das Fenster offen
und werde sehen,
was mit mir überlebt.

117. Nochmals Schwäne,

nochmals Schwäche,
weiße Punkte,
im Hintergrund,
unbewegt,
zwei Flocken abgelegt,
ohne Furcht vor Wärme.
Wir sahen sie einst aus der Nähe,
lockten sie mit verkeilten Händen
und umständlichen Bewegungen,
niemand wollte Erster sein,
der den Anderen lässt.
Heute keine Wimper auf meiner Brille,
ich hätte mir so manches zurückgewünscht,
in den Bäumen noch nicht ausgelebter Herbst,
der nächste Sturm pflückt,
große Sträuße.
Ich gehe erneut in deine Straße,
schmunzle noch immer über den Namen,
deinen hast du zurückgelassen,
klebt noch auf dem Klingelschild,
vergilbt,
wie der Bart eines starken Rauchers,
volle Tonnen vor der Tür,
Scherben auf dem Rasen,
alles andere zog schon weiter,
alles andere zog zu dir,
für einen Moment möchte ich klingeln,

sehen wer da öffnet,
ob wer öffnet...
ich steige in die nächste Bahn,
der Rückweg ist zu lang,
für Ersehntes,
das keinen Frieden mehr bringt.
Ich denke an die Schwäne,
an den Herbst,
an Hesse,
an das lila Glasperlenspiel,
das den Karton nicht mehr verlässt
und zum Dachbodenfund wird,
irgendwann,
wenn unser Wir vergessen ist.

118. Bruchstellen

Heute zurückgekehrt,
ich mag die Möglichkeit,
die neue Kanne,
in die noch kein Tee gemalt.
Die neue Stadt tut mir gut,
Tisch, Stuhl,
mehr Fenster als undurchdringliche Wand,
ich möchte fortsetzen
und doch neu beginnen,
alter Füllfederhalter auf neuem Papier,
ich kenne die Feder in den Kurven,
den Druck auf den Punkten,
wann es Zeit ist abzusetzen,
die Tinte zu wechseln,
bevor ich etwas Neues beginne,
die ersten Worte sind an dich gerichtet,
ein Abschied,
der sich auch mit Tränen schreibt,
das Papier an Stellen weicht,
die Geschriebenes an sich zieht,
es zerfranst ins Unleserliche,
heute zurückgekehrt,
in ein Bleiben,
ein starkes,
das Treppenhäuser kennt,
ich fühlte nie parterre,
ich bin noch gebunden an jene Stunden,
die ich nicht schlief,

wenige Sätze nur,
vielleicht müssen sie genügen,
um dieses Gefühl zu benennen,
das ich nie sagte, oder schrieb,
der Brief ist schon datiert
und ich möchte nicht lügen,
es muss genügen.
um Erster zu sein,
an den Bruchstellen unseres Glücks.

119. Stubengesänge

In meiner Straße,
nur ein Haus das ich kenne,
eines mit zotteliger Hecke,
ein Zimmer,
das ich dort mein Eigen nenne
und doch ist's nur geliehen.
Du erzählst mir vom Meer,
immer wieder,
weil ich es hören möchte,
die Geschichten von Wellen,
die in einem Hause wohnen,
das sie nie verlassen,
weil sie Weite leben,
vielleicht möchte ich mich trösten,
mit Dingen die ich nie fand,
mir aber stets wünschte,
so blieben sie mir Frieden,
im Sonnenlicht, im Mondlicht,
die gerne mehr von mir wüssten,
als den Versuch einer Berührung,
wenn sie Schatten auf mich legen,
schwerelose Blumen,
noch ehe ich mit Erd' bedeckt,
damit ich Frieden finde,
auch außerhalb meiner Träume.
Dort wo das Mondlicht reift,
zu Stubengesänge.

120. Winter im Juli

Der Hagel brachte Herbst,
Ernte vor der Reife,
Perlen ohne Kette,
ein Fluss aus abgerundeter Kälte,
prasselnd, schießend,
von den Dächern,
Schützen die nicht zielen,
nicht verfehlen,
wahllos greifen zu Gewehren,
Salven und Salut nie in den Himmel,
nie auf die Hand, die gibt,
wo waren die Vögel,
sie kamen zurück,
unversehrt,
auf den Wiesen,
Äpfel, Pflaumen, Birnen,
bemalte Hagelkörner nur größer,
der Kern noch grün,
ich hätte gerne gekostet,
Bäume, leer geschüttelt,
ohne Körbe,
freier Fall,
ich gehe ins Freie,
barfuß,
auf weißen Murmeln,
als es endet,
mein Vater sagte zu uns Kindern,
es sei gesund,

mit Schaufeln beerdigt,
alle Frucht,
ohne Tiefe,
inklusive Blumen,
die es auch nicht überlebten,
Überfülle im frühen Tod.
Die Sonne schien,
die Wände und die Straßen dampften,
die Nebel eines Herbstes,
Winter im Juli.
Als wir Abschied küssten,
lag noch Schnee.
Lobten sein Weiß,
wie vollkommen,
doch der Himmel schreibt.

121. Glas

Herbstgestimmt,
Sehnsuchtsklänge,
in einer Tonart in der ich singe.
Meine Stimme stets zu hoch,
für der Wahrheit eingeschlossen Ernst.
An den Fenstern noch der Rest von Regen,
verblichen schon das Gestern,
das ihn brachte,
er fing sich in einem Netz aus Glas,
dort wo sich auch meine Blicke fangen,
wenn sie in Träume starren.
Die Wiesen noch in Trauerhaltung,
ein Sturm floh in ihre Richtung,
ich sah niemals wer ihn jagte,
stolpert über Strauch und Frucht,
für den Sturm ist's Ernte,
für den Strauch ist's Ernte,
für mich ist's Verlust,
verfrühte Geste.
Weißer Klee,
gekrönt mit gefüllten Kelchen,
ich kenne ihre Süße,
verstehe Schmetterling und Biene,
die seine Krone krönen.
Ich möcht's besingen,
alle Schönheit besingen,
die sich an Lichtangeln hält,
mich zieht, mich fängt,
zu sich in ihr Sehnsuchtsfeld.

Kann nicht stehen,
zu tief.
Scheiteltief,
über mir ein Gedicht aus Sonne.
An den Fenstern noch der Rest von Regen,
bin dem Wort,
entwischt,
sah es hinter mir,
wie es mich jagte,
ich wurde Sturm,
ich wurde Regen,
abgelegt,
bei dem Versuch,
dir meine Liebe zu erklären,
jedes Wort verstummt,
im Westflügel meines Brustkorbes,
der wie eine wütend' Lippe bebt,
während du durch Träume starrst
und die Tropfen an deiner Scheibe zählst,
die sich teilen um sich zu vermehren.

122. Bunt

Im Walde sehn' ich mich,
weil ich weiß um deine Liebe,
die geflüstert nur und laut gefühlt,
vernommen hab ich's in der Stille,
wo sich Dunkelheit nie drückend mehrt,
sie schützend ist,
um ein Geheimnis zu bewahren,
was ihr anvertraut,
je heller,
desto dunkler ihre Hand.
Leuchtend ihre Augen,
wartend stets am Rand,
dort wo auch Katzen wachen,
neben ihren schon gelebten Leben.
Und berührt' ich sie ungefragt,
ist's ein Fauchen,
berührt' ich sie in Augenhöh',
ist's,
als hätt' ich ein Geheimnis
durch ihre Augen gesehen.
Bald bin ich wieder Stadt,
dort wo man nur die grellen Sterne sieht,
die Leisen,
bleiben vom künstlich' Licht verhüllt,
als gäbe es sie nicht,
in der Stadt hätt' ich mich wohl verzählt,
wenn du mich fragtest,
wie viele sind's?

Im Dunkeln dann,
wo wir Geheimnisse wagen,
liegen sie ausgeschütt' auf ihrem schwarzen Tisch,
alles ist darin eingezeichnet,
wenn wir Linien zögen,
auch unsere Namen sind dort geschrieben
und wenn ich mich im Walde sehne,
zieh' ich sie nach mit meiner Sehnsuchtsfeder,
die nur auf dunklem Grunde wird gesehen.
Meine Handschrift wird mich verraten,
wenn du an einem dunklen Ort,
nach oben blickst,
Skizzen sich zu Kathedralen neigen,
auf eine Mauer geschrieben unsere Namen,
wähl' du dir eine Farbe,
wenn du sie mit Liebe füllst.
Meine Farbe ist etwas heller als das Dunkel,
einen Ton darüber,
mit deiner Farbe wird es bunt,
wenn wir uns berühren.

123. Ankunft

Steinzungen sprechen Poesie im
Tagebuch der letzten Male,
Rückkehr ist kein weißes Licht,
ich blättere wieder nach vorne,
denke an so vieles,
bevor mich die Müdigkeit drängt.
Fensterplatz,
zugestellt mit Zweifel,
die Landschaft rauscht,
duckt sich unter meine Erinnerung.
Viel zu schwere Koffer,
doch sie bleiben stehen,
als es tanzbar wird.
Ein Gespräch, nächste Woche,
fühle mich noch zu schwach für Worte,
die noch Scherben ernten,
ich möchte allem Neuen verzeihen,
das in das Lose tritt
und Wunden reisst.
Warten auf den Gegenzug,
Eingleisgedanken,
Ich werde unruhig,
blicke auf die Uhr,
die stets geduldig,
geduldig auch mit mir.
Zäune basteln Schatten,
Bäume setzen sich dazu,
reichen sich zu große Pinsel,

wählen stets dieselbe Farbe,

ich bewundere ihre Geduld,

dasselbe Bild im Kreise,

die Winkel immer steiler,

bis jemand an das Glas mit dem dunklen Wasser stößt,

alle Kunst zunichte,

doch sie trösten sich mit morgen,

in den Scherben,

ganzes Licht.

Ankunft pünktlich,

ich weiß nicht,

wann wir schneller als das Späte fuhren,

es lagen wohl einige Träume dazwischen,

die unbemerkt blieben,

aber stur,

lassen mich die Welt erkennen,

im Traume,

die Welt in Gänze nur.

124. Momente

Flugzeug klemmt zwischen Wolken,
es scheint zu stehen, einen Moment,
nur für mich, der es bemerkte,
während Wellen über Gläserränder steigen
und verschwinden,
den Ozean mit sich nehmen,
wie Süß sein Salz heut' schmeckt.
Da ist ein Lachen,
das einen Satz beendet,
ehe der Ernst erkannt.
Bachsteinhäuser zeigen offen jene Mühe,
die sie erbauten,
flüstern nicht wie jene Wände,
deren Gesichter weiß getüncht
und ergrauen,
sich nicht falten, sondern blättern,
im Buch der Zeit.
Streitwägen neben mir,
die ihre Speichen berühren,
nicht in Liebe,
versuchen sich von ihren Meinungen zu drängen,
die älter sind als der Moment.
Das Flugzeug ist verschwunden,
kann es nicht mehr finden,
Ich müsst' die Wolken wenden,
Wolkenmemory,
lass' den Gedanken ohne Ende,
bei der Sonne die mich blendet,

mit ihren mitgebrachten,

aufgewärmten Lichtern,

die mir die Hände wärmen,

die jetzt kälter sind,

die stets Taschengroß,

die schönere Wärme wählten,

die neben mir ging,

in viel zu großen Schritten,

nie schneller als der falsch verstandene Augenblick,

er könnte ewiger sein.

als anvertraute Wärme.

125. Gipfelwelten

Ich erstehe an den Enden,
wo es sich in Tiefen blickt,
dort fühlt es sich am Höchsten,
wissend, wir sind Berge umgedreht.
An der Sonn' die Lichtergrenze,
hinter ihr unentdeckte Welt,
viele Sonnen die nicht blenden,
weil sie zu weit entfernt.
Irgendwo sind auch Gesänge,
Wale haben sie schon gehört,
singen sie zu uns nach außen,
wie Engel einer anderen Welt.
Welchen Göttern man dort wohl betet,
sandte man ihnen auch Propheten,
um sie daran zu erinnern,
wohin sie sich am Ende lieben,
oder blieb es erhalten,
ins Äußerste kultiviert,
dass ein Gedanke reichte,
alle Lieb' von mir zu dir.
Brüstungen aus Stein,
sprechen über Ewigkeit,
ich lehne über Namen,
die sie jetzt umarmen,
dort wo sich die Zahlen dehnten,
war nur Hoffen, war nur Welt,
Gewissheit jetzt, wo für uns Stille,
niemand der uns davon erzählt,

nur ein Gefühl das dort am Gipfel,
mich ereilt,
wenn Weite mich entzaubert,
sich nimmt was der Liebe fern,
mich wachsen lässt im Kleinen,
ich staune mich über Wunden,
die mich hielten, zu Resten wurden,
die verloren gehen,
weil sie verloren sind,
vom Ganzen abgetrennt,
damit das Ganze sichtbar wird.
Und küss' ich dich,
so ist dort Tiefe,
ein Abgrund,
in den auch Lippen blicken,
wo sich Worte aus dem Dunkeln schälen,
heraufbeschworen aus Gipfelwelten.

126. Nachtgeburten

Etwas wuchs nach Innen,
jemand jongliert,
Bälle fallen,
in Luft geworfene Orangen,
Schulternähe,
die ein Bleiben verneint.
Wo ruht die Liebe, ohne Gegenüber?
Sie liebt sich in mir,
wärmt das Unvorhergesehene,
bis es sich zeigend taut.
Beschreibe dein Lächeln,
du lächelst
und es genügt,
Worte sind noch so jung,
alles Wichtige so viel älter.
Mond im Negativ,
er schwimmt in deinen Augen,
ich kann ihn nicht zur Sonne ergänzen
und doch blicke ich hinein,
solange bis meine Nacht darin endet.
Straßenlärm,
der sich irgendwann aufgibt,
er wird lauter,
wenn er sich der Stille nähert,
ich sehe wie sich der Mond begradigt,
damit er mich sieht,
ein Kind unter Milliarden,
das ihn einsam sieht,
auf der Insel der Anderen.

127. Fessel

Gefesseltes Meer,
lebst in der Umarmung deiner Wellen,
die mich versuchen,
mich umranden,
mich ufern,
damit ich sagen kann,
ich bin.
Wäre ich Ozean,
ich wüsste weder Ende noch Anfang,
spürte auch kein Weniger,
nur Rückkehr.
Vollenden kann ich nichts,
nur beleben,
damit's zur Vollendung gebracht wird,
außerhalb meines Willens,
der kein Wissen beschönigt,
es als Stückwerk belässt,
als nächtlichen Koan,
der mir den Schlaf verringert
und das Jetzt mit mir besingt.
Ich bin Sehnsucht,
werde es bleiben,
unvollendete Liebe,
die staunt ob der Möglichkeiten,
die sie ins Ewige bindet.

128. Schneckenpfade

Schnecken an den Wänden,
Möglichkeiten nach dem letzten Regen,
Knöpfe mit Spiralverzier,
die ich nicht drücke aber löse,
ehe die Sonn' die Wände wärmt.
An den Blumen,
an denen ich mich erfreue,
blüht auch die Freude deiner,
so sind's unser beider Freuden,
die dort bleiben
obwohl wir entzweit,
unsere beider Freuden einsam leben,
hier nochmal vereint.
Im Revier erfahrener Vampire
die sich jeder Bitte verweigern,
loszulassen,
weil die Leere sich schon betont
und mich zum Laufen zwingen,
damit ich mich erhalte
und auch das, was ich als Fülle auserkor,
doch sich reibt an meinem Herzen,
ohne es zu besetzen,
weil Müdigkeiten darin wohnen,
von Vampiren angefüllt,
darin abgelegt auch
abgebrochene Schlüssel,
weil ich wollte und doch irrte,

neben der Sinnlosigkeit hinzugedachter Stufen,
die Höhe rufen,
übereinander gelegte Brücken,
ich hab' die Letzte nicht überquert,
weil sie höher sein wollte, als die Tiefe,
ich warte auf den Regen,
damit mir Wände wieder Straßen werden.
Im Rhythmus des Anvertrauten,
eingefügtes Glück.

129. An anderen Sommern,

ein Gefühl von Nebenan,
Lippennähe,
Träume gleichen sich
und die Angst vor Verlust,
unser Nacktsein mit uns bedeckt,
weil es Bedeutung hat für Jetzt.
An anderen Sommern,
wären wir ans Meer
und kühlten zurück,
was nicht mehr wärmte,
setzen es zurück,
nicht auf Null, aber auf eine Gerade,
wo Steine Sand sind.
Wo Steine Sand sind,
fällt es leicht an Veränderung zu glauben und an Weite,
die sie bringt.
An anderen Sommern,
versalzenes Essen,
weil wir uns an das Salz des Meeres gewöhnten
und sich das Gute nie erklärte
und man nach dem Abschied merkte,
was fehlt.
An anderen Sommern,
ein ausgelesenes Buch,
mit gewölbten Seiten,
Sonnencremeduft,
in Regenzeiten,
eine schöne Erinnerung.

130. Schleier (2024)

Hinter mir ein Schleier aus Laub, ich möchte mich nicht
erinnern, als dieser noch in Blüte stand. Auf dem Weg
zurück zum Altar, alles gefühlt, alles gesagt, weihevoll
berührt von höheren Momenten, wie ihn Sommer tragen
nach erbrachten Tänzen und geworfenen Sträußen,
den stets die Jüngsten fangen. Die Felder noch Sommer-
farben, weicher Wind kämmt ihr Haar. Ach auffordern
möcht' ich dich zum Tanze, sitzt nicht mir gegenüber,
aber einem alten Freund zu dem ich leise sprech', als du
dich kurz entfernst, ob er mir wohl den Platz überließe,
doch er verneint, weshalb das Schöne lassen, wenn es
der Näh' geschenkt. Ein Lächeln eines Freundes, doch
die Geste eines Fremden: „weiter, weiter". Sie kommt,
soll mich nicht sehen, fragt mich nicht, weshalb ich
gehorche. Ein Freund ist's, ein alter,
ich schulde ihm einen Gefallen.
Nicht weit von hier ein Bach, der Mücken bringt, die
rote Sonn', sie an unsere Beine lockt. Sümpfe brüten in
nicht weiter Ferne, Geister und ihre Nebel. Wessen Weg
dort nach Hause führt, gehe! Wenige nur, nutzen die rote
Laterne, die bald erlischt. Ein Feuer wird gezündet aus
Morschem und was Stürme hinterließen. Oh wie das
Feuer in den Himmel greift und etwas aus dem Dunkeln
pflückt. Einen Stern vielleicht, die heute nur spärlich
verteilt..., trübe blicken auf das Spiel, das schon oft
gespielt. Ach sie wünschten sich dieselbe Stille, die auch
zwischen all den Himmelsfenstern wandert. Ich hör' des
Freundes Lachen, unnatürlich laut und grell,

steht nun am Feuer mit dem Mädchen, ihr Medaillon
leuchtet in Feuersnähe wie ein Stern. Ich schenke mir
nach aus jener Flasche, die mich seit meiner Ankunft
begleit'. Sauer dieser Wein, wenige Schlucke genügen,
die nie bis zum Rausche reichen, nie reichen für den
Mut, der nur angelesen, nie gelebt, der Fliegen fängt aber
nicht tötet. Ein paar Fliegen fanden darin einen sauren
Tod, ich schenk's der Erd' zurück, ein Begräbnis, schnell
und diskret, damit's der Gastgeber nicht bemerkt. Ich
geh' zum Feuer hinüber, das noch immer seine Hände
hebt, in einem wilden Tanze, mit den Worten wirbelt,
die dort hineingesprochen.
Freund, möchtest du mich deiner Begleitung nicht
vorstellen? Ein Grinsen, ein verzerrtes, das keine Worte
findet. „Marie..." Die mir auch auf dem Medaillon
entgegenleucht'...Sie lächelt, weil ich's bemerke.
„Ein alter Freund ist's, der gehen wollte, der die Nächte
fürcht', muss er doch zurück durch die Sümpfe..."
„Muss ich?..."
„Dem Weine noch nicht abgeneigt, wie oft hast du's mir
schon geschworen. Nun sag' ich's dir als Freund, eh die
Nebel ziehen, begib dich zu Bett, zu Frau und Kind!"
Nichts von alledem...glaube ihm...!
„Ich glaube, was ich glauben möcht'!"
„Da hörst du's, nun mach' dich auf den Weg,
ehe die Nebel..."
Die Nebel, ja die Nebel und die Geister die ich fürcht'...
Ich ging zurück an meinem Tische, zählte meine Stiche,
die mir ebenfalls rieten, nach Hause zu gehen.
Dem Paar dankte ich, eigentlich fand ich nur die Braut,

die mit ihren Freundinnen Kinderlieder sang und die Worte vom Weine ins Unkenntliche rankten.

„Habt Dank und sagt es auch dem Bräutigam,
den ich nicht finden kann."

Wenig von der Antwort verstand ich, eine flüchtige Umarmung, ein kurzer Dank für das Geschenk, das Eines nur von Vielen, den sauren Wein aber doppelt beglich. Von Fern nochmal ein Blick auf's Feuer... Schatten nur, die dort standen. Namen verloren sich wie Asche. Funken die in die Höhe fliehen, als würden die Himmel die Sterne an losen Zügeln zurück zu sich ziehen. Durch die Sümpfe muss ich nicht, wohl aber durch die Wälder und schon am zweiten Baume in der dritten Reih', der Bräutigam, nicht allein. „Bitte, verrat' mich nicht!" Ich möcht's nicht sehen, mit wem, auch nicht ahnen, ach dem Tage ist nicht wohlgetan. Ich eile tiefer, auf bekannten Pfaden, die vom Monde weiß beschienen, wir wissen's nun beide, und wir beide schweigen. Was weiß ich schon, ist mir doch auch der Freund ein Fremder. Im Mondenauge liegt ein Spiegel, wie er leucht' im hellen Blau, als wär Wasser darin gefangen, geschöpft aus kristallener Quell'. Doch spiegelt's nicht mein Gesicht: die Jungfrau mit Kind. In Händen bemerk' ich auch die Kette, die entzwei gerissen. „Marie!" Ich schrei's hinaus in den Walde, die Antwort nur ein Schluchzen, versteckt hinter einem Baume, dessen Seit' vom Monde weiß bemalt, auch das Gesicht das an ihm lehnet und keine Träne leugnet. „Ich hab' ihn umgebracht..."

Neben ihr mein Freund, auf dessen Stirn eine Wund',
daraus rinnt ein schwarzer Bach. „Bitte, verrat mich
nicht!" Sie löst sich aus dem weißen Schatten und läuft
tiefer in den Wald, der sie schweigend zu sich nimmt.
Freund, was hast du getan. Da atmet's ihn zu einer
Antwort hin. „Freund, ich bin noch da, mein Kopf, mir
ist's als hätt' ich ihn verloren, welch ein Schmerz, welch
ein Dröhnen, ...das Mädchen!" Freund sag' mir, was ist
geschehen. „Nicht jetzt, du würdest es nicht verstehen,
such' nach Marie!"
Dort, wo sich die Bäume in die Arme schließen, weil's
sicherer ist für uns Liebende, die Abgründe suchen,
sie jedoch besser nicht finden, wenn wir sie ersehnen,
dort, brachen Äste, die Gegend kenne ich, grenzt sie
doch an mein Dorf und an die Tiefe eines Flusses, der
tiefer stieg, bis an jene Stell', die etwas Stille enthielt,
aus der man ihn einst trieb. Ach, ich möcht' sie nicht
dort unten sehen, nicht Marie, dort an tiefster Stell'.
Kein Mond, kein Stern, nur Gebrüll der Wirbel,
die ich geweckt.
Wie oft ich ihren Namen rief, ich weiß es nicht,
ich ging zurück in früher Morgenstund', als sich die
Nacht vom Monde schied. Gäste, die auf selben Wege
gingen, halfen bei der Suche, das Mädchen blieb
verschwunden und auch mein Freund,
wurd' nicht mehr gesehen,
hinter mir ein Schleier aus Laub,
ich möchte mich nicht erinnern,
als dieser noch in Blüte stand.

131. Friedhof

Friedhof sein,
für Abgelebtes,
einmal noch eine Rede,
die in einer Blume endet,
ich höre es schon verzeihen:
ein Wind aus Samt,
nächtigt über blauen Flammen,
züchtet sie zu kleiner Blüte,
ich finde Dank,
in den angespitzten Gefühlen,
die sie Herznah hielten
für kleine Einsamkeiten,
wenn sich das Gefühlte,
zu sehr dehnte.
Und wenn ich dort hinfasse wo es schlägt,
wundert's mich,
dass es noch lebt,
die kleine Schatulle
und das Geheimnis das sie birgt,
das so viel größer ist,
als das, was es hält.
Täglich führt's mich vorbei,
an durchregneten Stein,
ich sehe nach,
ob dort noch Blumen sind,
nach einer Hitze oft,
oder nach einem Sturm,
zu sehen,

ob's die Erinnerung nicht verwehte,
zu lesen irgendwo noch das Notierte,
was eine Zeit wusste und einen Ort,
eines Tages irr' ich mich an der Stell',
laufe vorüber und fühle angenehme Fremde,
weil sie von der Erd' zurückgenommen,
die Besuche werden seltener
und plötzlich erscheinen die Dinge wieder neu,
das Vergessen flammt sich zur selben Zeit,
am anderen Ende,
frei.

132. Ungeteilte Himmel

Heute erblick' ich die Stäbe meines Käfigs,
rostig steigen sie nach unten,
ihr Anfang ist verdeckt,
teilen den Himmel in kleine Fenster,
durch die ich steige,
vorbei an ihren Händen,
die flüchtig greifen,
mich nur streifen,
doch was sie berühren,
rostig färben.
An solchen Tagen trage ich Weiss,
um zu sehen wie nah die Stäbe sind,
sie scheinen auf mein Herz fixiert,
das stets ihre Abdrücke trägt.
Auch die Bäume in ihrer Nähe,
färbt es in demselben Tone,
die Felder und die Worte,
die zu nah an ihren Grenzen stehen.
Manchmal seh' ich nicht dein Kommen,
weil's mir mein Aug' verdeckt,
plötzlich stehst du vor mir,
„hast dich wohl erschreckt?"
Deine Küsse schmecken noch nach Eisen,
es dauert nicht sehr lange,
bis ihre Süße wieder freigelegt,
Wir spielen dort verstecken,
als wären's kahle Wälder,
in einem Winter ohne Schnee,

ihre Schatten sind so viel dunkler,
als jene, die wir kennen,
so viel Raum für Unentdecktes,
so viel Raum für leise Tränen.
Mit den Nächten ziehen auch die Stäbe,
werden wieder unsichtbarer Käfig,
den ich meist' vergesse,
wenn ich in den ungeteilten Himmel blick',
der sich über die Läng',
von zwei belebten Welten erstreckt.

133. Strandgeflüster

Einmal noch das Meer sehen,
bevor das Jahr vergeht,
ich ein Kommen nicht mehr ahne,
die Fernste aller Möglichkeiten.
Den Wellen Gruß zu sagen, täglich,
niemals Abschied, den ich hinauszögere,
Urlaub < Meer,
nur mehr mit dem Leben verbinden,
nicht mit freien Tagen, aus denen es brüllt,
so schlank brüllt,
dass es durch die Falten meiner Stille dringt
und sich verteilt, mit Wellenarmen,
die mich greifen
und ich mich greifen lasse.
Ich möchte keine Wiederkehr,
denn ich möchte niemals gehen,
ich hab mich an die Wellen gebunden,
ich komme mit den Fluten und gehe mit der Ebbe,
bin im Sturme der stillste Punkt und in der Stille jener,
der Atemanker wirft,
wer es hört, wird mich sehen,
gehüllt in einem Mantel aus Gischt,
der sich in Blöße trocknet,
wenn ich mich zu weit entferne.
Lernt mir schwimmen in den Städten,
hier am Meere bin ich Meister,
denn mein Herz hat's nicht weit,
kann dort dem Sehnsuchtsrufe flüstern.

134. Weitergehen

Regen klingt heute nach Blech,
er schleppt Rost,
schleppt schwer,
fügt Fenster auf Fenster,
meine Augen sprechen undeutlich,
lösen aus, ehe sie sich schärfen.
Heute ist Lakritz zwischen deinen Worten,
ich möchte erwidern doch ich weiß,
wir enden in Achten.
Spanisches Gefühl,
das Wandern ist und auch Rasten,
Schatten suchen innerhalb der Schatten,
mit angelegten Flügeln auf dem Ende eines Astes,
der schon in Sprüngen wankt.
Dann möchte ich Katze sein,
angefüllt mit Leben,
fallen und dann stehen,
weitergehen.

135. Auf den Bäumen stets dasselbe Lied,

so lernte ich es lieben.
In den Wolken stets derselbe Himmel,
für jede Farbe, ein Gefühl,
das ich in mir trage,
weil ich soviel Himmel bin,
dass ich ihn bemerke,
sonst wär' dort Leere,
die nur mit zerbrochenem Lichte angefüllt.
Ich steh' zu nah an den Gleisen,
vor einer umgefallenen Leiter,
die bis in meine Heimat reicht.
Ich lernte sie zu besteigen,
auch wenn es sich oft Flügellos anfühlt
und ich nie an ihrem Ende bleibe,
weil die Höh',
mir stets von ihrer Tief' erzählt.
Das Ungefähre,
Meister in seiner Unentschlossenheit,
das mich als Sohn sieht,
nicht als Kind,
wartet stets vor meiner Türe,
mal zu spät, mal zu früh,
um mich nach Haus zu führen,
das mal dort ist und mal hier.
Wie gut,
dass ich mir die Wege merke,
die mir Pferd sind und ich ihr Schenkel,
wenn auf den Bäumen dasselbe Lied erklingt,

wie Gestern,
das so milde war und frei,
ach ich lebe im Vorbei,
Glück nur dort,
wo sich Größeres vorbereit'.

136. Anders

Ein Tag mit vielen Stunden,
hell und dunkel,
wo wir uns umrunden,
Herzkreiseln,
bis wir der Stille erliegen,
in den neuen Tag dürfen,
ganz ohne Glöckchen,
aber die Freude angespannt,
wie am Weihnachtsabend,
der doch so anders ist.
Dieser Augen,
dieser Hände nicht bedürfen,
ablegen,
wie verbeulte Flügel,
Worte nur mehr gefühlt,
keine Lyriker, keine Sänger,
weil jeder die Lieb' besingt,
Küsse ohne Lippen,
Rausch ohne Zweites,
Einsamkeiten wegerinnert,
keine Gebete mehr,
alle Götter hier,
zur Summe zurückbelebt,
ohne Schleier, ohne Wände,
Wälder, Meer und Tiere,
jetzt ganz neu verstanden,
verzeih mir, wenn ich Unsinn rede,
ist es doch ganz anders.

137. Zerbrechliche Saaten

Ich konnt's nur im Wind erfühlen,
das Weite von Irgendwoher,
das sich irgendwann türmt zu Stürmen,
die mehr wollen,
als einen Sitzplatz auf umgeworfenen Bänken.
Ich möchte Blumen pflücken,
auf wildengewordenen Wiesen
und ich möchte es nicht,
sie nicht mal betreten,
damit das Schöne weiter in meine Hände wächst.
Ich versuche die Ferne
und sie versucht mich,
leidenschaftlich,
unsere Versprechungen,
wir erzählen uns von unseren Fantasien,
die Geheimnis sind,
doch es nicht bleiben wollen.
Vielgestaltige Wüsten übersetzen,
Zweifel in Gebete,
ich lerne das Ja,
das sich verlangsamt,
ein Fuchs im Scheinwerfer der Nacht,
das mir stets Gegenüber steht
und ich reglos begrüße, nicke,
weil es weitere Worte fürchtet.

138. Nicht mehr dort,

wohin ich mich einst wünschte,
gestern noch,
Enten füttern,
mit staubigen Krümeln,
die das Wasser verdichten,
die es mir erschweren,
darin zu versinken,
auch den ungebrüteten Monden,
die dort ziehen,
in Nächten nur zu sehen: die Hellsten,
alle anderen: Augverborgen,
wie sie einander folgen,
die große Mutter voran,
die sich nur den Kindern zeigt,
den Weg ins Wasser schneidet,
Orientierung verteilt,
der Letzte verdeckt's mit Flügelspitzen,
damit es Geheimnis bleibt,
damit es keine Jäger weckt,
die mit mir am Rande sitzen
und in den dunklen Spiegel blicken, wartend,
bis es sich von Neuem wünscht
und wir uns dem sanften Sturz ergeben,
in einem angerührten See,
aus verwaisten Träumen.

139. Mit dem Schnee fallen

Keine Schwäne im Meer,
aber die Ernte von süßem Schnee,
der lautlos in salzige Körbe fällt,
sich verdünnt,
sich nicht verliert.
Der Himmel und die See,
tragen Bowies Augen,
blicken auf mich,
ich kann mich nicht entscheiden,
welches Aug' mir besser gefällt,
ich wähle das mit den Tränen,
die sich nicht mehr weinen,
dort wo sie sich sammeln,
zu einem Feld,
wo man Weite erntet
und nicht die Enge des Moments
und wenn ich mit dem Schnee zu Boden falle,
ist's gewiss,
daß Geweintes mich dort erwartet,
mich verdünnt
und mich nicht verliert.

140. Traumes Licht

Die Gitarre verstimmt,
verzerrte Melodien,
die so, vielleicht ein Betrunkener singt,
ich versuche eine Melodie zu retten,
die mir im Traume nah,
als du am Ufer eines Flusses standest
und Tücher durch die Wasser zogst
und dabei wortlos sangest.
Könnt' ich die Melodie erretten,
so errett' ich vielleicht auch dich,
zieh' dich zu mir hinüber,
in ein neues Wach.
Immer wieder gleit' ich in mir Bekanntes,
Musik, die Gehörtem schon verwandt,
entgleitest mir mit jedem Versuch dich zu halten,
dich zu greifen mit einem Akkord,
doch dem Traume wird's zu schnell
sterbend, bleicher Tag,
ich leg' darüber ein paar Worte
und mir ist's,
als hättest du in einer Melodie,
Wichtiges zu mir gesagt,
„Such' mich nicht unter einer Sonne,
die keine Wärme birgt,
blind ist, wie des Traumes Licht,
das nur erhellt,
was bereits gefühlt.“

Und ich eile in jene Wehen,
die Lebensstunden gebären,
kann nicht Antwort geben,
ohne selbst Antwort zu sein,
am Flusse, der dem im Traume ähnelt,
sitz' ich nun und singe,
jener, der es durch seinen Traume höret,
wortlose Melodien.

141. Nachtbeichte

Wo man mich, lässt in Nächten,
Verlassenenes beschauen,
wo Vögel vor einer Stund' noch sangen,
ist Stille nun und erwählter Raum,
der sich nun dehnet, sich Herzen wählet,
die im späten Gange,
ihre Kammer ließen.
Was nun dort singet,
kenn' ich nicht mit Namen,
etwas pflückt in meiner Seel',
ich spür's, wie's leichter wird,
nicht benennen kann ich's,
was nun fehlt.
Nicht alleine bin ich,
die Jäger zu dieser Stund',
tun Gewohntes,
es wimmelt auf den Fluren,
so viel Leben, das am Tage,
scheint verstummt.
Auch die Engel sprechen,
legen ihre Finger,
auf die dargebrachte Wund',
die stets mitgetragen,
nun erlöst wird mit einem blühend Kuss,
der hinter jenem Finger bebet,
der ein Ja ist zu jeder Stund',
die nie in Stund' gerechnet,
Ewigkeit, vorverdunkelt,

in Minute und Sekund',
die alles hält was in dieser Welt,
fließend unser Herz umrundt'.
Das mich so spät noch führte,
an diesen Ort,
der dem Monde,
viele Fenster öffnet,
damit mein Gehen leichter wird,
als mein Kommen.
Etwas wurd' von mir genommen,
ich werd' der Lieb' gewahr,
die wieder so ist,
wie sie einst gedacht,
nach meiner Beicht',
an einer Mondennacht.
Sich löst von einer Schuld,
der sich jedes Herz verpflicht',
dabei leiser spricht,
als jedweder Gedanke.

142. Schokoladenmünder

Vogelgesänge, Spatenstiche in Kies,
ein Rieseln aus der Stille in die Stille,
wo auch ich begraben lieg',
friedlich,
den Blick in den Himmel geführt,
noch ist da kein Meer,
noch ist da viel Weg,
das Meer...die Sieben auf meinem Würfel,
die mir gegenüberliegt.
Im Zusammenschluss der Würfel,
die Banalität des Spiels.
Narbenhunde bellen,
wenn ich mich ihnen nähere,
ohne Geschenk,
ich greife in meine Taschen,
leer,
alles eingetauscht in Möglichkeiten,
die auf Zehenspitzen standen,
jetzt stehen sie auf Augenhöhe,
ich hab' zu ungenau hingesehen.
Sonntagsmüde,
ich möchte mich an einen Traum erinnern,
an ein Detail,
das mir die Gefühle verwirrte,
selbst dann, als ich aus ihm stieg.
Der Himmel deutet auf Regen,
endlich,
erste Tropfen mahnen zur Eile,

ich zögere,

ist es doch das Gespräch,

das ich ersehnte,

ein Welpe, getragen auf ein Wiesenstück,

jene, die die Leine halten,

amüsieren sich,

über seine Unbeholfenheit,

die alte Eiche lächelt milde,

als sie uns zusammen sieht,

weiß um das Alleine,

das sich nicht mehr zu einem Wir zusammenfügt.

Durch die Stadt müssen,

um nach Hause zu kommen.

Schokolade in meiner linken Hand,

in meiner Rechten das Telefon,

ich hoffe du hebst ab,

es läutet sich bis zur Roboterstimme,

die deine Nummer aneinander reiht,

als wäre sie erfunden,

die Schokolade rinnt über meine Finger,

das Band läuft, ich sollte sprechen,

ich lege auf und esse, von der braunen Masse,

die ein wenig bitter schmeckt,

es klingelt an der Türe,

kein Gesicht das ich kenne,

doch es lächelt über meinen Schokoladenmund,

die Frage nach Salz und etwas Mehl,

etwas später,

nach Schokolade und ein Gespräch,

ich übe mich ein,

ins Vergessen.

143. Weißes Porzellan

Voll an Müdigkeiten,
Kleinteiliges auch in Gedanken,
Porzellan unbemalt,
in meiner linken Jackentasche,
Schlüsselklimpern,
trunkene Notenläufe,
zu Heimatliedern,
untergehen ohne zu ertrinken,
Wellengalopp,
heut' ist's schwer in den Trab zu gleiten,
Wellen zu finden,
die Sehnsucht schreiben,
nicht lautlos,
aber gefüllt mit Schweigen.
Scherben,
ausgebreitet, abgeschöpft,
weiß geschäumt,
Atem dort, wo man verzeiht,
meine Black Box dort,
wo Stürze enden,
auf Gründe deuten,
Trümmerdrachen zurück nach oben steigen,
darin Wortbefremdliches
und das Ernsthafte eines Sommers,
das uns blieb,
als wir zurück auf die Erde fielen,
Löcher in Wolken rissen,
weil wir in der Nähe immer schwerer wurden,
ehe wir ihr erlagen.

Haben die Ausfahrt verpasst,
die Rettung war schon eher,
ich sah's noch im Schulterblick,
in gewölbter Zeit,
in der die Sonne nicht mehr blendet,
sich Räume nimmt und Maße ignoriert,
die Wände mit Enge beschmiert,
aber nicht die Fluchten,
damit es auch Abende gibt,
voll an Müdigkeiten,
Kleinteiliges zuweilen,
auch in Gedanken,
Porzellan unbemalt,
mit Wellenlinien,
Windstärke 7,
Raum für Zeilen,
wenn Stifte abwärts schreiben,
Farbe in Worte schütten,
damit sie Zungenweich,
Sehnsucht nacherzählen.

144. Uferläufe

Aus dem Ersehnten spricht ein Kern,
der gehört, doch nicht vollendet,
eine Liebe auch in Nöten,
wenn ich mich nicht mehr zu trösten verstehe.
In der Höhe,
Windverwandelte Stürme,
was von der Ferne trübe,
sammelt sich hier zu Regen,
einer, der sich nicht erklärt,
Tropfen schichtet zu Spiegel,
manchmal erkenn' ich mich nicht,
möchte Öl hinzugießen,
damit er Schönes zeigt
und es entzünden,
damit es aus dem Spiegel steigt,
an mir allein kann ich nicht gesunden.
Der Bart von mehreren Tagen,
rötet meine Arme,
als ich mich auf sie lege,
ein Fenster zwischen Welt und mir,
macht mich zum Beobachter,
meiner Innenwelten,
die nach Seiten fragen,
versuche sie herauszulösen,
zu oft über sie gedacht,
durchgedrückt ins Heute,
Gedankenorigami scheitert an unruhigen Nächten,
zitternd meine Uferläufe.

Im Herbste dann das Meer,

ein paar Tage nur,

der Sommer ist schon Menschenmüde,

begleite du mich,

damit nicht nur meine Seel',

auch mein Herz Frieden findet,

das einsam nächtigt,

zwischen all den Toden,

die sich bereiten und warten,

Flaschen werfen,

die leicht entzündlich,

Schmerzen schreiben auf Unversehrtes.

Meine Erinnerungen,

wie anders sie erklängen,

wären sie mit dir gefärbt.

Zu schüchtern dich zu fragen,

in Eulenstunden, ob da ein Wir.

In unseren Koffern auch die Schuhe,

für früh verletztes Land.

145. Ernte

Unbegründet, selten,
Parkbanksitzen mit Kopfschmerzen,
die Sonne ein greller Mond,
ich wähle ihr schattiges Gegenüber,
ich versuche zu verstehen,
das Viele, das Unbequeme,
das stets bei mir sitzt.
Die Morgen werden kühler,
Herbstnähe,
ich bin zu früh,
ein, zwei Stunden,
man weiß ja nie.
Die steinerne Brücke,
ein beliebter Ort für Komödien und Dramen,
überlässt mir das Lachen,
heute, jetzt,
keine Schuppen auf dem Rücken dieses Drachens,
Nebelgäste, in stetiger Umarmung,
die seltsam gehen, ohne zu stolpern,
sich um Laternen drehen,
tanzen wollen
und an Wassern lehnen,
die neugierig sind,
unter Uferränder kriechen,
Sträuße pflücken aus Laub und Geäst,
Rostbraun in ihrer Farbe,
gereift dorthin in Jahren,
die Jüngsten noch weiß in ihrer Blüte,

manche geformt zu Herzen,
die der Wind in Eile verlor.
Ich bin zu früh,
die Wunde, noch blutig,
Sanftgefühle, später,
nach der Ungeduld
und doch ein ferner Ruf:
komm ernten!

146. Landgang

Meine Segel,
genäht aus allen Kleidern,
die ich einst trug,
auch jene Hose,
die ich vermisste,
mich fragte wo sie ist,
Mutter meinte,
sie ist zu klein, mein Kind.
Ganz oben, wo der Sturm am stärksten bläst,
weinroter Samt,
der an Feiertagen nur getragen,
nach einem warmen Bade,
unten, Fetzen, aufgetragen,
nicht herausgewachsen,
die nur dort sind,
weil sie einmal waren,
keinen Wind mehr greifen,
nur mehr flattern.
Schnell jagt es heute über Wellen,
schneller als all die frühen Jahre,
eine Insel schon zu sehen,
oder ist's ein größeres Land?
Bald ein Ankerwurf,
bald ein kleineres Boot mit Ruder,
die letzten Meter noch, gespürt,
ehe wieder Land unter meinen Füßen,
hab' ganz vergessen,
wie ich mich begründe.

147. Unsichtbares

Ich streue Sand in meinen Käfig,
bis er Strände berührt,
das Meer zu mir führt,
an unsichtbarer Leine.
Dann nagt es an der Käfig Stäbe,
mit seinen salzig' Zähnen,
bis sich Fenster öffnen,
durch die ich steige,
ich nicht mehr schließe,
falls mich eine Rückkehr dazu zwingt
und ich dorthin gehe,
wo mich ein Schweben umgibt,
ich den Himmel spüre,
weil ich den Grund verliere,
schwimme,
wie man es mir als Kind gelehrt,
bis ich den Käfig nicht mehr sehe,
er in der Ferne unsichtbar wird.

148. Im Baume,

übergroße Schatten,
die geschliffen erst zur Mittagsstund',
zu Boden hinabgelassen,
oft ruh' ich dort,
ersehn' mir den Regen,
auch den Herbste schon,
möge er sich doch zu mir legen,
mit seiner schmalen Taille,
die ich umfasse und zu einem Kusse führ',
der lang ersehnt und lang erwartet
und sanft erwidert,
mich hinübernimmt zu trauter Stell',
wo sich das Meer mit der Well' vereinet
und sich die Nächt' Pailletten auf schwarze Kleider
nähen,
den Tanz proben,
ehe sie eilen auf die Bühn'.
Abgezählt die Abende,
der Applaus verlangt nach mehr,
die Zugab' zwei von dreien,
ehe das Publikum ermüdet.
Dort, wo ich mit dem Herbste sitze,
sich Endliches liebkost,
hat's einen Traum in mir aufgetan,
wo sich ein neuer Sommer hofft.

149. Stundenglasklänge

Schattenpause,
ein paar Minuten nur,
bis ich anderes bin als Hitze,
die sich mit mir übernimmt.
Am Fenster feuchte Tücher,
Himmel ausgesperrt,
ernst nehme ich mich heute nicht,
da jeder Gedanke in seinen Taschen wühlt,
nichts findet,
was er mir reichen könnt',
ich verspäte mich auf Stunden,
es dauert bis etwas gefunden,
was sich zu bedauern lohnt,
wenn es wieder verloren wird.
Die Männer auf den Treppen,
erzählen von Dingen die fehlen,
jene, die Sehnsüchte füllen,
manchmal in Träumen,
manchmal in einer Bar,
die Straße hinunter,
wo das Leben bunter,
Anträge auslegt,
aber keine Feder dazu,
für etwas was sich schenken möcht',
in umgedrehten Stunden,
wo der Sand noch unten,
auf eine Bewegung wartet,
die unterschreibt für einen Zweitbegang,

aber eine erneute Begegnung vermied,
weil sich Beständiges fand
und die Angst es zu verlieren.
Ich vermute schon den Mond,
der sein Licht unter die Tücher schiebt,
wie Briefe, unfrankiert,
es ist so eigen, uralt und schlecht kopiert,
auf Gemälden,
die das Gefühl beschwören,
wie einen ausgelagerten Sinn,
im Vollen meist,
wo wir uns von Geistern erzählen,
die ruhen wollten,
verdammt waren,
weil sie die Lieb' nicht fanden,
nicht hielten,
in Taschen wühlen,
bis sich die Ewigkeit erbarmte,
das Stundenglas drehte.
Ich nehm' die Tücher von den Fenstern,
es ist noch Tag,
die Sonne heruntergekühlt bis in eine erdachte Nacht,
ich wünscht' ich könnt's wiederholen,
ich müsste mich selbst mit einer Lüg' überstimmen,
manchmal hilft auch ein erinnern,
an Geistgewordene Tage am Meer,
die zwischen Ewigkeit
und Wiederholung pendeln.

150. Wagnis

Pferde unter Bäumen,
die Wurzeln freigelegt,
durchgestanden,
durchgegangen,
weil sich dort der Schatten fängt
und der klare Gedanke.
Ich gehe an den Zaun,
diese Stell' ist wohl ein Ruf,
aus den Schatten trabt's,
der beschlagene Huf,
rührt im Staub.
Doch nichts was ich geben kann,
nur das Gras zu meinen Füßen,
das kein anderes ist,
als unter ihren.
Meine Hand,
die den Atem spürt,
der Wolke ist im Winter,
die berühren möcht'
und doch nicht berührt,
wagt vergebens,
s'Pferd eilt zurück in den Schatten,
der den Moment mit Frieden füttert.

151. Versal

Der Morgen spricht seine Schwüre,
ich versuche mich im Erinnern,
während Vögel singen,
sie sind mir zweites Licht,
Laternen mit den schönsten Scharnieren,
die beim Öffnen Lieder bringen,
beim Schließen, Stille.
Irgendwann ist der Tag entbunden,
kein Schrei, junges, erschöpftes Licht,
das wächst, in mich hineinwächst,
bis es Meines berührt.
Da ist Freude,
auch ein Herbst der mitgeboren,
zerknittert noch, von den ausgehenden,
vorbeistreifenden Sommern,
die es zurück nach Hause treibt.
Erholung.
Stürme und Winde, Regen und Frost,
glätten, was in Falten,
bis es Blüte,
die Abschied spricht und Willkommen.
Und nebenbei Dinge ordnet,
zurück in ihr wildes Selbst,
das geschliffen wurd' von Sonnen
und Schwestermonden,
damit es Ernte trägt.
Zurück, zurück in unser wildes Jetzt,
das Küsse spricht,

Liebe unverzerrt,
noch ehe da ein Wort
und doch in versal geschrieben,
alles dahinter klein, lesbar,
tausend mal tausend Bedeutungen,
ergeben.

152. Herbsteinsamkeit

Im Herbste, den wir liebten,
beide, ihn umzingelten,
mit Gefühlen,
die aus seiner Weide über unsere Zäune wuchsen,
dort sammelt es sich leicht.
Hinter unseren Kastanienhäuten,
ein weiches Herz,
das Reibung benötigt,
damit es glänzt.
Dich zu suchen, heisst, dich zu wissen,
irgendwann, haben wir uns verloren.
Die Zeit möcht' nicht darüber reden,
ist uns Stille, verwirktes Wort,
spricht in Pantomime
und fordert,
was sich in einer Umdrehung verweigert.
Regen verschwendet sich,
ach, wie wir ihn in der Hitz' ersehnten,
jetzt bringt er die Kühle des Winters,
der noch fern, hinter dem Golde liegt,
das über uns ausgeschütt',
damit wir in dem goldenen Staube,
unsere Spuren mit Pfadfindersinn, erkunden,
während wir passgenau durch Schluchten welken,
die uns durch Berge führen,
die nicht mehr bestiegen werden.
Dass wir uns finden,
ehe sich die Pfade schließen
und uns Flügel schenken,

für den weiten Teil des Weges,

erkennen,

ehe wir uns in anderen Zeiten wiederfinden,

die sich so lang' im Kreise drehen,

bis die Lieb' mit dem Auge unbesehen,

herausgefühlt,

aus den Zeitverwachsenen Herzen,

zu uns spricht,

in das Herznahe Ohr unseres erhofften Glück's...

Dass wir uns finden,

diesen Satz beend' ich nicht,

er soll offen sein, offen bleiben,

für die Möglichkeit eines unerzwungenen Moments,

der sich streckt von seiner Herbsteinsamkeit,

in sein Frühlungswesen,

so tief, dass es ein Häuten erzwingt,

wir beide, zwischen demselben Stein.

153. Höhenangst

Baumgewolltes, Baumgewordenes,
sich stößt an Himmelsrändern,
auf die ich klettern möcht',
in meinem Alter noch,
wo der Tritt schon Gedankenschwer,
sich übt in Vorsicht und geringer Höhe,
eine Leiter war's mir als Kind,
hoch und runter so geschwind,
dass jener, der mich suchen musste,
nicht wusste wo ich bin.
Drachen hängen dort und Bälle,
Gesichter auch, die dort eingewoben,
wenn ich von unten auf die Wolken blicke,
die Tiere sind und Götter, im selben Tempel leben,
ohne Jagd, ohne Furcht,
dort ist's ein sicherer Ort für Träume,
der Baum die Leiter,
eine Bohnenranke wuchs dort nicht,
damit ich ihnen näher bin,
Zuflucht vor dem Leben,
das dort unten, doch so anders,
als im Traume ist.
Komm nach oben, die Äste halten uns,
hielten sie doch mich und mein Herze schon,
das einmal schwer war wie die Berge,
die man auch von dort oben sieht,
an klaren Tagen, auch das Kreuz auf ihrer Stirn,
das nur der Nebel weiß zu nehmen
und die Angst vor seiner Höh'.

154. Mondgezogen

An dich denken,
mehr ein Fühlen ist's,
spät meist,
wenn der Himmel in Farben liegt,
oder in der Frühe,
noch nah am Traume,
der noch mit mir in seiner Sprache spricht.
Kehrmaschinen,
große Käfer mit Backenborsten,
wühlen sich durch Zusammengedrücktes,
Zurückgelassenes, Weggeworfenes,
ich hör' sie durch's geschlossene Fenster,
eine Katze sitzt daneben,
wartet,
bis etwas vom übervollen Teller fällt,
Verwertbares, für etwas Leben.
Regen wandert auf dem Blech,
das rostig schon von seinen Schritten,
manche Tropfen hüpfen,
manche bleiben liegen,
erschöpft vom langen Flug.
Ich liege noch im Selbstgewärmten,
wie gut,
sich mein Körper doch um mich kümmert,
...lese mich durch Erinnerungen,
wach, schon lange vor dem Wecker,
der jede Nacht gestellt,
man weiß ja nie,

ob da mal Träume sind,
die mich halten,
länger als gewohnt,
mir zeigen wollen,
wohin es noch im Leben geht,
sie haben's ja schon vorgefühlt.
Erste Lichter, künstlich noch,
aber gesteuert vom echten Leben,
ich steh' auf, es wird kälter,
zu viel Welt,
die ich allein, mit mir,
nicht wärmen kann.
An mich denken,
in dicken Jacken,
heute auch mit Schal,
ein kühler Wind,
der Küste spricht,
ehe ich wieder zurück in Erinnerungen falle,
die zu schnell blättern,
für klare Gedanken,
wo sich Gemeinsames findet,
doch nie mit uns belebt,
nie von uns gewärmt,
Wunsch blieb,
in den uns anvertrauten Nächten,
die mehr sein wollten,
als unruhiger Schlaf,
Mondgezogen.

155. Wehrlos

Ich wehre mich nicht,
die Müdigkeiten die ich bezwang,
lähmen,
Wir rollen von einem Hügel,
lachend, jene die uns sehen, abwartend,
es könnte etwas anderes sein, als Spiel,
du wolltest mir zeigen wie man liebt,
schlechtes Gewissen,
du überdeckst es mit Küssen,
die nicht mehr das Herz treffen,
sagst wir hätten Zeit,
haben wir?
Hatten wir?
In meinem Körper so viel Schlaf,
gegoren schon zu Herzrasen
so viel dumpfer Klang,
ich suche den Verstärker, für mehr Höhen,
es bleibt ein Brummen,
die angeschlossenen Nerven schnurren,
über mir freie Vögel,
ob sie das Schnurren hören
und deshalb flüchten?
Ich wähle die Stille,
sie ist schüchtern,
Ich hoffe sie verzeiht,
meine unaufgeräumte Leere,
die sie stetig zu sich lädt.

156. Am Vortag

Verfälschtes Licht,
heute ist viel Alleine.
In den Wäldern ist's noch zu hören,
auch an den Meeren,
ein Heiliges: es sei,
was ich dort fühle,
wenn's mich umfasst,
ist mehr als Träumerei,
wenn ich an Bäumen lehne,
es mich aus ihren Ringen überschreibt,
mich gewandet, mit einem uralt' Kleid
und ich tauche in Wellen,
uralten Wellen,
die salziger sind als ein alter See
und mir Dinge zuschieben,
wie Großmutters Hände,
sag's nicht weiter...
damit ich's dir wieder gebe.
Unter Wasser ist noch Licht,
ich mag das Oben, weil es schimmert,
mehr noch, als jeder Himmel
und die Stimmen die nach Unten dringen,
ach sie stören nicht,
während ich dort fliege,
mit dem Atem ringe,
der auf diesen Flug nicht vorbereit'.
Das, was ich antworte ist nie Antwort auf die Frage,
sammelt sich in gläsernen Blasen,

die vor mir wandern,

ach stört mich nicht beim Fluge,

ist's nicht dasselbe Dunkel,

wenn das Blau des Himmels überwunden?

Mein Mund übervoll mit Gefundenem,

wo mein Oben war, ist jetzt ein Unten,

keine Sterne, aber tausende von Händen,

die an mir ziehen,

die Luft ist dünn,

dünner als auf Gipfeln,

kein Wind, nur mein eigener Flügelschlag,

da erneuert's all mein Sehnen

das mich nach Hause trägt,

mich bewahrt, vor einem ewig Bleiben

und sich Ringe um mich legen,

ich kann sie zählen,

jene, die von mir trieben,

sammle ich wieder ein,

Jahr und Tag und Stunde,

ich tauche hindurch,

Luft.

Jemand, der mich ersehnt,

...trank am Vortag von demselben Quell,

ich hab es nicht gesehen,

es war im Vorübergehen,

ein Gefühl,

ein Stern,

der Einzige dort unten,

der mit mir ausgesprochen wurde:

sei!

Wenn ich Antwort gebe,
werde ich gefunden.
Am Fenster schon ausgemalte Nacht,
meine Haut trägt noch Falten,
zu lange unter Wasser,
verfälschtes Licht,
das sich nicht an mich erinnert
und sich trotzdem um mich kümmert,
ich dosiere es zu einem Lächeln,
es lächelt in gesundem Maße zurück.

157. Unter Gläsern

Lichter häuten sich in ein neues Dunkel,
überreden mich,
nochmal nachzufragen,
weil ich das letzte Hell nicht erinnere,
das vollkommen war,
so sehr,
dass ich darin eine Selbstverständlichkeit sah,
die niemals dort war,
totgewöhnt, wie Zucker,
den man nur mehr spürt,
wenn er zu viel.
Heute ist Stille,
so viel Stille wie in den Sternen,
deren Bemühungen ich nicht kenne,
nur ihr Leuchten,
nicht die Welt dahinter,
die lange schon zerfallen und verlassen ist,
weil es mit einer Warnung endete.
Unter Gläsern, ein enges Dürfen,
jedes Müssen misst die Wut
eines Flüchtigen,
das Licht zerbricht in Engel,
durchdringen Wände,
die mich über Tische schieben,
damit ich so etwas wie Weg fühle.
Und den Trost des mitgebrachten Lichts,
das meine Flügel streichelt,
bis sich das Glas erhebt

und Himmel sichtbar werden
und mit ihnen meine Flügel,
die jetzt dürfen.
Und an den Rändern,
die mich begrenzten,
pflanze ich Erinnerungen,
der Nächte wegen,
wenn ich hinaus eile,
weil ich meine alte Haut nicht mehr fühle,
weil sie sich löste,
ohne Warnung löste.

158. Kummerschläge,

gut verteilt,
sich nie verteidigend,
wissen, ich bin zu nah,
um auszuholen für einen Schlag,
es benötigt Weite,
bin zu weich für Fäuste,
ich flüchte nach Innen,
dort ist Stille, füllige Stille,
die meine weichen Fäuste schält,
zurück zu kleinen Bäumen,
denen das Weiche besser steht,
die Früchte halten,
wenn man sie lässt.
Ich wäge Erinnerungen,
jene noch aus dem Dorfe,
als ich wuchs,
zeitnah mit der Geschichte,
die jetzt in Büchern steht,
meine nur abgelegt,
in Gesprächen,
die andere vielleicht erhalten,
wenn sie sich darin wiederfinden.
Ich lebe in einer Stadt,
eine, die nichts von mir weiß,
die täglichen Wege,
Name und Straße,
ich mag es gerne glücklich,
sie weiß es bestimmt,

vielleicht öffnet sie es,
wenn sie mich besser kennt.
Im Dorfe ist's schon abgelebt,
struppige Matte vor Hilfsbedüftiger Tür,
die mich nicht verheimlicht,
an Kuchenschweren Samstagen,
wenn sich Reste von Famile und Freunden begegnen
und wir ganz gestern sind.
Uns erhalten von dem Mitgebrachten,
was beim Hinweg,
stets an selber Stell' gefunden.

159. Anvertrautes

Ich bleibe mir auch am Tage,
wenn alle Träume ausgegossen,
alle Möglichkeiten ausgeschlossen,
in die Nacht zurückzukehren
liegend, an unerforschten Orten,
gähnend ohne Hand vor dem Mund,
mit Blick auf geputzten Zähnen zwar,
die aber vergilbten über all die Jahr',
wie Sonnengequälte Bücher
und trotzdem der Wunsch nach einem Schluck Wasser,
bevor wir uns küssen,
da ist noch soviel an unverbrauchten Worten,
die schon rostig schmecken,
weil sie nie laut wurden.
Ich verspüre den Wunsch nach Rückseiten,
nach Durchgedrücktem,
das sich in Spiegeln einfacher liest,
mich weniger verwirrt,
wenn ich die Hand ans Herz lege,
weil ich selten vor mir stehe,
nicht mal in Träumen,
sehe ich mich von vorne,
nur alles Schöne,
alles Schreckliche,
als stünde es Modell für ein Foto,
das man einsteckt und schnell vergisst.

In den Bergen sehnt es sich leicht,
am Meer,
schwanke ich wie es Wellen tun
und der Boden den sie weichen,
dort ist kein Echo für das Laute,
...für das Stille nur
und das wird von dem blauen Rauschen übertönt.
Ich bleibe mir auch nachts,
wenn alle Möglichkeiten ausgegossen,
manche Träume ausgeschlossen,
die auf Abenteurer warten oder Verliebte,
die sie segnen,
damit sie sich an mich zurückerinnern.
Wie sollte ich's benennen,
den Weltenraum mit all seinen zerstörten Sternen
und heilsamen Nebeln,
die Lava sind ohne Vulkane,
die weiter in mir schürften als jeder Ozean,
mir Sehnsucht brächten,
die größer ist als Benanntes,
ich bliebe einsam in der Unmöglichkeit der Worte,
einsam,
wie jener,
der sich selbst mit Steinen bewirft,
im Kontergrau auch immer etwas Untergang
und das Erste,
befreiter Gefühle.

160. Ich kühle meine Stiche,

der Sommer näht sich ein,
in der Hitze schwillt's zu einer Aufgabe,
in der kühlen Stille,
bleibt's ein wunder Teil,
Schatten die mich verknoten,
Ausgang Doppelschleife,
Ausgang Schere,
ich mag die Schwere,
von etwas Anderem was nicht Knoten ist,
sich zur Rettung eignet,
obwohl es nicht beschriftet.
Neonlichter,
Stadtaugen, mit kaltem Grell,
hinter meinen Diagefühlen,
die sich Lichtwärts drehen,
wie Sonnenblumenköpfe,
Satellitenschüsseln auf Empfang.
Ich Erlöse mich mit Vorhersagen,
die ich nach vorne lege,
mich freue, auf ein Könnte,
vergesse es meist nach ein, zwei Nächten,
wichtig war es erst,
wenn es die Nächte übersteht und die Träume,
die von weit drinnen senden,
ich drehe mein Herz dorthin wo es sich liebt,
greller liebt als Stadtaugen leuchten
und mich die Sehnsucht blendet,
bevor ich an ihr erblinde.

Ich kühle meine Stiche,
die schon wandern,
weil sich das Gift von Wärme nährt,
wie könnte ich erkalten,
wenn sich mein Herz zu dir ins Lichte dreht.

161. Lange Winter

Nüsse vom Vorjahr,
hängen in Beuteln,
von einer hölzernen Decke,
die wankt wenn man ihren Kopf berührt,
schwere Tränen eines vergangenen Herbstes,
klappern wie hunderte kleine Hufen,
wenn sich Winde daran stoßen.
Auf den Bergen noch grünes Fell,
Sommer die darin wohnen,
die sich durch die Schatten jagen,
ausdünnen, verjüngen,
bis sie wieder Licht.
In den Städten auch ein bewohnbares Ich,
eines, das sich mit Einsamkeit füllt,
weil es viel Geglücktes sieht,
aber auch Gescheitertes,
das nicht mehr widerspricht.
Ich sehne mich hinaus,
solange bis mich eine Umarmung empfängt,
die meinem Abgrund im Wege steht.
Ihm die Förmchen reicht die fehlten,
Würfel, Kugel, Pyramide,
ihn füllen bis in Grabenhöhe,
wo es sich noch stürzt, angenehm,
wohin ich schon Fahrräder lenkte,
weil ich abgelenkt auf den Herbst blickte,
der mit Laub um sich warf und reifen Nüssen,
die ich sammelte,
für lange Winter.

162. Faser

Fliehendes,
siebt, was noch blieb,
feiner,
kann's nicht mehr greifen,
nur mehr vergessen,
Unruhig,
Feuerzeuge unter Zeitungen,
Decken, die ersticken,
Qualm zermalmen,
Vorzustand Asche,
noch arbeitet sich Wind daran ab,
blättert sich satt,
reicht es an den sperrigen Regen,
der kaum Lücken lässt für Verstecke,
festgeregnet,
Papier ist so zerbrechlich,
von jetzt ab nur mehr kaputtkümmern,
Sohlenabdrücke und leise Flüche,
Titel bleiben, Bilder bleiben,
festgetreten in der Seele.
Warten auf Lichtbleiche,
bis in die Fasern,
wo die Farbe das Wort regiert.

163. Passage Übergang

In meinen Gedanken der Honig der letzten Tage,
der noch wehte,
bevor er sich glänzend zwischen Gedachtes schob,
in Fäden,
die Unmögliches verbinden
mich in den Zustand schoben,
vergeblichen Mühens,
ihn heraus zu kämmen,
Bevor sich das Verklebte, verhärtet...
gestern und die Tagen davor.
Unsere Küsse waren nie beim Sie,
wollten sein, noch vor den Worten,
ich vermisse dein erstes Lächeln,
das Abschiede überwand,
es würde bleiben,
auch in Unterwelten,
wo Flüsse sich mit Schatten bedecken,
die sie an der Oberfläche unter mich legen,
unbemerkt,
wenn ich lautlos über Schwellen schreite,
vom Laufen ins Gehen gleite,
damit ich mein Herz bremse,
damit es wieder Flüstern lernt
und ich es verstehe.

164. Vor den Türen, Neugier

Im Zaun kein Schlüssel,
ich klettere hindurch,
nicht ohne zu begleichen,
den zahnlosen Mund aus Draht öffne,
in ihn steige,
ohne mich an Säuren zu verbrennen.
Das Feld ist dasselbe,
wohl ein anderer Besitzer,
keinen den ich kenne,
sehe schon die Ränder, die ganz Wald,
Äste die Schatten sammeln, sie häufen unter sich,
ich weiß ich werde in sie steigen,
lange nicht von mir streifen,
bis es ein Wille möchte,
so stark, dass es ihm gelingt.
Wolken die sich zu einem Gewitter ergänzen,
Töne finden, die mich eilen lassen
und ein Licht, das den Reißverschluss öffnet,
ohne den Stoff zu dehnen der ihn hält.
Ich blicke nicht dahinter,
auch wenn ich das Dünne der Wände erkenne,
manchmal ist's, als stünde ich schon darin,
spüre den Verschluss, der beide Seiten trennt,
in der Höhe meines Herzens,
tosende Allzeitgewitter,
die darin hämmern,
nicht ohne Licht zurückzulassen,
in einer Welt aus dunkler Schokolade,

bitter, hochprozentig,
die nicht mit Wärme schmilzt,
sich süsst mit Räuschen
und mich an Mauern drängt,
wenn er Blut ist,
zahnloser Vampir und sich meiner Neugier verweigert,
die Berge fordert ohne Hügel zu erklimmen,
der Zaun hinter mir
spielt auf seinen Saiten ein dürftig' Lied,
als er seinen Mund,
wieder hungrig schließt.

165. Erste Tage, schwer

die Himmel heute hoch,
unausgesprochene Stille,
die noch in Segeln lebt,
seitwärts weht,
wenn sie angestoßen.
An den Hinterköpfen, Schlaf,
in den Augen, halb erkämpftes Starren,
auf Villen die Bomben überstanden,
aber keine Kriege.
Innenleben,
wehrhaft nur mit Türen,
Schilde,
mit Schlüsseln,
die sich schnell drehen müssen,
manchmal verwechsel' ich die Richtung
und es steht offen,
was verschlossen sein sollte.
Dankbar,
wenn es die andere Seite nicht bemerkt.
Weichspüler gaukeln Frische,
verknitterte Segel,
die der Wind übersieht,
nicht die Stürme,
die darin wühlen
um etwas zu finden,
was sich löste,
ungewollt löste,
das man sucht,

weil man dachte,

man wüsste,

man hätte es verloren,

doch nicht weiß,

was es ist, wo es ist,

etwas fehlt,

unabgemeldet,

kein Name auf der Liste,

weil sich alle melden,

oder ich mich verzähle,

die Leere aufgebe,

die schweigend Ersatz wählte.

Lass mir die Distel und ihre Antwort,

wenn ich über Grenzen steige.

Fensterfarben,

stören den Blick in die Weite,

wenn es neblig ist,

ist die grüne Katze,

meine größte Freude,

wenn ich sie streichle,

ist da eine Erinnerung,

die für sie schnurrt,

ist dort ein Leben,

das ich für mich lebte,

für erste Tage,

für die Schweren.

166. Eden, später

Im Echten noch ein Platz,
Beinfrei,
strecken bis sich Himmel weiten,
einfinden,
Platz nehmen,
auf schmalem Schoß,
sich nicht stören an Brücken,
die über Abgründe gezogen,
sich durch ihre blaue Seite schneiden,
bis dort Nebel bluten.
Der kühle Herbst bringt Enden,
der kühle Herbst bringt Eden,
knüpft sie auch an Unvollständiges,
lass mir noch das Frühe meiner Gedanken,
die sich nicht stoßen,
weich sind, umnachtet.
Gewitter sind noch nicht gefüllt,
Schmetterlinge mit halben Flügeln,
kriechen über graues Papier,
ich möchte sie auf Grünes setzen,
sie verzichten, lösen erste Blitze.
In dem Haus in dem ich wohne,
Fenster zugezogen,
Mond und Sonne,
treiben nur mehr Schatten durch die Flure,
erhalten Traumgefühle,
die Draußen nicht gefunden.

Manchmal werf' ich Eicheln an die Scheiben,
um zu sehen,
ob neben mir noch jemand lebt,
ein Wehen der Gardinen genügt,
doch es bleibt still.
Manchmal hört sich's an wie Tanzen ohne Musik,
wenn ich mich der Türe nähere,
keine Stimmen.
Ein gegenseitig' Lauschen
und hoffen,
dass sich der Andere bewegt,
schneller,
damit man selbst,
...unentdeckt.
So sitze ich dort oft für Stunden,
zurück in meiner Wohnung,
beginnt der Tanz erneut.
Ich klopfe mit einem Stab nach oben,
merke, wie es in meinem Herzen sticht.
So lass ich's, wie schon viele Male,
lass mir das Laute,
damit ich mir die Still' erhalte,
die dort ist,
wo es nicht zu sehr schmerzt,
in den Nächten,
zurückgebliebener Herbst,
der mit mir nach Enden sucht,
dankbar ist,
wenn ich welche finde.

167. Asphaltnadel

Ein Sonntag der alte Platten spielt,
damit man ihn nicht vergisst,
aber ich mich vergesse,
zwischen bekanntem Knistern,
das Wärme bringt,
wo die Seele ausgedünnt,
Fleischlos jeden Sturm empfängt,
der bis in den Gedanken dringt,
der Zweifel birgt und Wege ändert,
die doch so gut.
In den Städten wo es sich so einsam fühlt,
weil Hände jemand anderen halten,
Blicke mich wie Hauswände streifen
und sich das Laute nicht zu benehmen weiß,
ich über mich stolpere,
weil das Gelernte hinterfragt,
das Fremde auch mich betrifft,
die Samstagsplatte springt,
während meiner Lieblingsmelodie.
Ohne Brille ist die Nacht ein dunkler Schwamm,
kaum Sterne, kaum Rahmen,
ein umgekipptes Glas mit ausgewaschener Farbe,
lädt zur Stille.
Ich überlege was ich liegen lasse,
wenn der Sonntag sein letztes Lied anstimmt,
die Stühle nach oben stellt.

Das was mich an dich erinnert,
wenn ich mich sorge,
das soll bleiben
und am nächsten Sonntag vergessen sein.
Wenn die Nadel zurück in die Straße springt,
die oft befahren
und mich nie nach Hause bringt.

168. Schwalbenfeier

Verschwenderisches Blau,
wächst aus nächtlichen Nebensächlichkeiten,
ich wünscht' ich könnt' es halten,
viele Momente noch,
ich fühle,
Handgeschriebenes auf meinem Rücken:
Platzhalter für Flügel,
ein Spiegel hat's mir einst vorgelesen,
der Sommer hält seine letzten Reden,
leidenschaftlich auf dem Pult stehend,
letzte Blätter werfend,
die nicht mehr gefüllt,
fünf, ungenügend,
rechts oben, wo es schon vergilbt,
in Enttäuschungen gezogen,
Tränen wurden,
über vergebliche Mühen.
Sommer, die jetzt im Buche stehen,
von denen man Kindern noch erzählt,
wie sie einst waren,
als die Schwalben zogen
und nicht wieder kamen.
Dächer nun zurückgenommen,
bis an der Fenster Stirn,
der Regen ist nun näher,
spricht laut und buchstabiert,
jene Dinge,
die für einen Sommer fehlen.

169. Hölzerne Kerzen,

in Herbstreife,
auf den Böden so viel Wertvolles,
nach dem man sich nicht bückt,
es lässt, bedauert, vergisst.
Die Tage sprechen Moll,
Stürme kehren mit unsichtbaren Besen,
nicht auf Schaufeln, in Ecken, bis sie übervoll.
Auf Hügeln, die Mühe eines Aufstiegs,
keine Bank für eingeübte Stille,
mein Atem wild, gefühlter Berg,
der in der Ferne, seine Höh' verbirgt.
Die Wolken tief, ich kann in ihre Schalen blicken,
ein See, aufgeteilt in Tropfen,
sanft sein Kommen,
ich wähle ein Lächeln als Schirm.
Ich mag was er erzählt,
wenn er es über mich schütt',
segensreich, über mich schütt'.
Vieles ist schon vorgespürt,
betörend seine Stimme,
die weiblich ist und männlich zugleich,
nicht weniger ist Alles, wenn es Alles berührt.
Ich warte bis da Sonne,
eine, die durch sich selbst erstarkt,
das Licht die Nässe löscht,
in Nebeln neue Schalen füllt.
Golden, erste Flammen,
die hölzerne Kerzen krönen,
ohne sie in die Asche zu führen.

170. Nachtlied

ich denke noch an Gestern,
dort wo Geister leben,
...zogst den Rauch aus den Zigaretten,
während ich auf ihr Glutauge starre
und es auf mich,
du erzählst mir von Mahler
und seiner siebten Sinfonie.
Meine Liebste wohl,
weil in ihr Nächte leben,
wiederbelebt in meinem Herzen,
Paukenschläge ohne Schule,
frei, nicht notiert,
dort beginnen sie zu glühen,
starren in das Fremde,
bis es mich entflammt,
ich werde Nacht,
ich werde Stern,
ersehnte Weite,
Größe, sich über mich neigend,
jeder Gedanke, Gebet,
dankbar, dass du mich ersehntest.
„Hörst du mich?"
Ich nicke,
winke den Rauch in eine andere Richtung,
Abschied,
langsam, zärtlich,
genügend Zeit,
um zu sehen wohin er weht.

171. Junge Katzen,

toben, in Gärten die noch nicht Winter,
wäre dort Schnee,
ich könnte ihnen folgen,
zu ihren geheimen Plätzen,
die sie ebenso sehr schätzen,
wie den Platz auf mir.
Nicht jede Tür ist wohlgesinnt,
Peacefäulnis, sagte mal ein Kind,
das schon ein Erwachsener sein wollte,
dabei nicht das Spiel vergaß,
das den Wunsch vergessen ließ.
Die Katze zwischen seinen Füßen,
verwandelte den Erwachsenen zurück in ein Kind,
Zauberkräfte sind es wohl,
die bei Berührung wirken,
verwildertertes Glück, beleben.
Auch Meines,
zwischen all den Einsamkeiten die mich nicht retten,
mich zurücklassen, wo sie geschehen.
Ich bin den Mut nicht mehr gewöhnt länger hinzusehen,
den es braucht um mit Herzschaufeln zu graben,
bis man wieder auf ein Oben stößt.
Der Krieg, der stets länger blutet als sein Frieden,
kehrt sanglos zurück,
nicht mehr marschierend unter Fenstern,
er ist schon in den Wänden,
die verdecken,
steinerne Hand, vor Flüstermündern,

die brüllen,
wenn man nicht zu ihnen blickt,
letzte Reihe, Fensterplatz,
nahe Papierflugzeustartrampen,
stets ein Geheimnis unter der Bank.
Manchmal seh' ich dort Katzen schleichen,
oder ihren Schatten nur,
manchmal seh' ich sie Katzen streicheln,
fordern einen Moment der Ruhe.
Während ich meine Schaufeln spüle,
bevor sie sich wieder mit Sorgen fluten,
die Ebbe sind und Atem,
doch diese nie mitgezählt.
Der Lohn der ernsten Gedanken,
ist erschreckend nichtig,
wahrhaftig meist,
doch fern von einem Lächeln.
Ist's so ernst um mich bestellt?
Ich bedecke mich zur Hälfte mit Wärme,
überlasse den Rest dem kalten Teil der Welt.
Und den Katzen,
die sich auf meiner Brust verteilen,
doch meinen Atem nicht beschweren,
mich schnurrend Grüßen,
einen Fremden in ihrer Welt,
geduldig sind,
auch mit meinem halben Oben,
das schon Sandburgengross,
größer ist, als das Förmchen, das es schuf,
die Reste, neben dem Oben,
abgelegt.

172. Weidengruß

Die Sonn',
noch nicht vom Tag beschwert,
aufgebrochen alles Neue,
die Wunden heilten,
als gäb's kein Gestern,
auch wenn ich sie spür' in ihren Gräben,
ein Kuss legte sich darüber,
in der Nacht,
als ich im Traume,
unbemerkt.
Ein Traben in der Ferne,
ein Gewitter ohne Leuchten,
doch die Blitze die es wirft,
versuchen sich an meinem Inneren,
suchen sich die höchste Stell'
und treffen,
was sich schon erhob in jungen Jahren,
wie weicht es mir den Grund,
der von vielen Stürmen abgetragen.
Pfähle, die Drähte spannen,
zu Dorn' gedreht und Stöße wandern,
vierteln Weite in abschreitbare Enge,
halten unsichtbare Zügel,
sah sie nie zur Flucht sich wehren,
wie eng jetzt meine eigenen Zäune,
enger noch als jene, auf der Weide.

Alle Wesen geknüpft zu Einem,
als spräche dort das Erste,
gewärmt noch von dem Worte,
das es schuf und wollte.
Und legt' ich meine Hand an seine Blässe,
mein Herz drück' ich an die Rind',
so ist's als gäb' es nur das Eine,
kein Baum, kein Pferd, kein Mensch
und doch alles in ganzer Größe,
mein Wort findt' hier ein End'.

173. Begraben

In einem Brief sind wir noch erhalten,
die Tinte Tränenfleckig,
die Vorfreude auf nächste Tage,
ein Herz, das mich zur Vorsicht mahnte,
dasselbe und doch gealtert
und der Übermut spürbar, jetzt.
Den Duft den ich atmete, lebendig,
nie mehr mit einem Sinn berührt,
auch nicht an den Fingerspuren,
die durch Tränenpfützen glitten,
als sie ein neues Wort für Liebe schufen.
Im Brief noch ein Haar,
abgeworfen über deinen Worten,
unbemerkt,
in einer Falte konserviert,
damals war es noch lang,
nicht blondiert.
50 Pfennig aufgeklebt,
Blütenverziert,
weshalb weiß ich nicht,
das Klebeband, gräulich gelb,
verdeckt die junge Frau,
die einen Baum pflanzt,
in einer silbernen Welt,
der inzwischen ausgewachsen,
Kron' und Früchte trägt.

Manches Wort schon verblasst,
nicht auf dem Papier,
aber der Schwestergedanke,
in Rätseln schrieben wir,
den Schlüssel abgelegt in Sehnsuchtsnähe,
dich fragen, was es bedeutet,
ließ mich zur Feder greifen,
in Sekundenträumen.
Dein Brief undatiert,
der Poststempel meint Juni 96,
was wir fühlten ist eindeutig,
die Lieblingslieder heute,
peinlich,
aber die Texte so sicher wie Gebete,
in der Not schon mal vertauscht,
ich leg' den Brief zurück in seine Kiste,
ein unverplombter Sarg aus blauer Pappe,
mit Streifen,
drei
und Atemlöcher,
damit das Begrabene,
lebendig bleibt.

174. Sommerrost,

verteilt auf goldene Tage,
Regen, Stürme,
Kälte Westwärts,
Laubgealtert,
blutige Finger beim Kastanienschälen.
Wellen schäumen,
ziehen sich aus unsichtbarer Mitte,
Boote wandern,
eilig' Fingerspiel,
auf offener Bühne.
Tafelbilder fordern den Tag zuerst,
ich lass' ihn dort
und übe schreiben,
fremdartig, jedes Wort,
das schneller gefühlt als buchstabiert,
Kreidepatronen,
in einem Schuss tausend abgedeckte Wunden,
Eine nur, die blutig trifft,
die Wunde auffaltet aus ihrer Nebensächlichkeit,
den Herbst einlässt,
zu den streunenden Gedanken,
welche Nächte lieben,
damit sie Sternenhell,
die sich erst an den Händen fassen
und Treue sprechen,
wenn ich Antwort gebe,
auf bleibendem Tannengrün.

Der Kreideweiße Winter,
überlebt nur eine Stunde,
ehe ein feuchtes Tuch,
Wiederholung spricht.
Ein Zirkel versucht es zu umfassen,
gleitet in einen Abwärtsstrich,
ich wische mit der Hand darüber,
Winter dort, wo sich Fehler erhalten,
sah ihn mit dem Sommer fliehen,
sich mäßigen,
an den Parkbänken,
wo sich das Echo jener Stille sammelt,
das sich im Schweigen nicht verbraucht,
sich hält an rostig' Lippen,
die beim Befeuchten der Worte,
an Unbelebtes stießen,
es verwenden für einen Morgen,
der bereits in sie hineingeschrieben.

175. Steine wenden

Der Wüste erste Worte,

rot,

an Stein gelehnt,

der noch nicht zu Sand gegoren,

verborgen,

ein klarer Quell,

der seine Spur nicht grünte,

eingeübt,

nächtlich' Sterne,

sich selbst zu wärmen,

auch aus der Ferne,

zu wissen,

da ist jemand wie ich.

Wenn Sonnenworte verklingen,

der Mond hineingelegt in Dünen,

ohne Meer,

rundes Ei im samtweichen Nest,

wenn ich mich nähere lernt es fliegen,

ohne Flügel,

nach oben gezogen von Mutterfäden,

die Tochter stets im Aug'.

Wie oft bin ich schon auf Schlangen gestiegen,

unbemerkt,

weil sie sich nicht wehrten,

unter Steinen,

Skorpione,

die ich nicht sah,

weil ich die Steine nicht drehte,

manchmal tat's ein Sturm,

manchmal tat's der Regen,

ein paar Tropfen genügten,

um das Grün der Quelle,

hinauf zu beschwören,

grüne Schlangen in engen Körben,

die ohne Schatten,

selbst zu Schatten werden,

mir ist nach tanzen,

es weht mein Kleid,

mit mir vernäht,

am Herzen stets so viel Platz,

dass man das Leben spürt,

wie es klopft, wie es schreit:

herein, herein, herein.

Und es zebricht die Sonn'

und die Zeit,

die in sie gelegt,

in Milliarden Himmelssterne,

die das Schwarz der Nacht bedecken,

wenn ich tanze,

keine Zeiger mehr,

die die Zeit bewegen.

176. Nächtliches,

noch auf Straßen,
verneinend,
Tageslichtversuche,
das Letzte möcht' noch sein,
sich seine Blüt' erhalten.
Dir zu sagen was ich fühl',
ist, als sag ich's Allen,
noch ist's behüt' in seiner Welt,
ist Glück und Unbehagen.
Streifen tu ich's,
wie in einem Traume,
in aller Möglichkeiten Spiel,
dort bin ich Wanderer,
dort bin ich Ziel,
doch in der Welt dann,
im kalten Draußen,
ersetz' ich mich durch dich.
So anders ist's,
wenn sich die Lieb',
fühlt durch zwei Herzen
und trägt man dann,
die selbe Farb',
im Herzgesicht,
im Wunsche liegt der Anfang zwar,
mehr noch im Gebete,
...am End' ist's ein Geschenk,
ein Göttliches,
wenn sich die Herzen ähneln.

177. Brücke

Gefunden möcht' ich werden,
in deinem Reich gezähmt,
fortgeführt in der Liebe Ketten,
mit einem Kuss erlöst.
Bevor sich der Tag entfaltet,
der die Dinge so beschreibt,
als wären sie schon immer so gewesen
und doch ist alles Neu.
Wehrhaft der Gedanke,
dass auch ich nur geträumt,
manchmal fühl' ich die alte Erde,
die meine Wurzeln hält,
manchmal spür' ich sie als Enge,
manchmal ist sie mir alle Blüte wert,
ich versuche mich an meinen Träumen,
die man mir durch den Käfig reicht,
dessen Stäbe,
im Sonnenlichte,
zur Brücke ausgelegt.
Und wandere ich darüber,
so ist ein Frieden dort,
ein Gefühl,
das ich nicht kenne,
zum Frieden wird's,
wenn es sich dort liebt
und hinterlässt bei hochgezogener Brücke,
Sehnsuchtsstille.

178. Nachtbeichte

Wo man mich lässt in Nächten,
Verlassenenes beschauen,
wo Vögel vor einer Stund' noch sangen,
ist Stille nun und erwählter Raum,
der sich nun dehnet,
sich Herzen wählet,
die im späten Gange,
ihre Kammer ließen.
Was nun dort singet,
kenn' ich nicht mit Namen,
etwas pflückt in meiner Seel',
ich spür's,
wie's leichter wird,
nicht benennen kann ich's,
was nun fehlt.
Nicht alleine bin ich,
die Jäger zu dieser Stund',
tun Gewohntes,
es wimmelt auf den Fluren,
so viel Leben,
das am Tage,
scheint verstummt.
Auch die Engel sprechen,
legen ihre Finger,
auf die dargebrachte Wund',
die stets mitgetragen,
nun erlöst wird mit einem blühend' Kuss,

der hinter jenem Finger bebet,
der ein Ja ist zu jeder Stund',
die nie in Stund' gerechnet,
Ewigkeit, vorverdunkelt,
in Minute und Sekund',
die alles hält was in dieser Welt,
fließend unser Herz umrundt'.
Das mich so spät noch führte,
an diesen Ort,
der dem Monde,
viele Fenster öffnet,
damit mein Gehen leichter wird,
als mein Kommen.
Etwas wurd' von mir genommen,
ich werd' der Lieb' gewahr,
die wieder so ist,
wie sie einst gedacht,
nach meiner Beicht',
an einer Mondennacht.
Sich löst von einer Schuld,
der sich jedes Herz verpflicht',
dabei leiser spricht,
als jedweder Gedanke.

179. Wunde Stellen,

die Abgenutzten und jene,
die neu werden wollen,
sich auserzählen,
doch das Meiste flüstern.
Auf Brücken,
stets das Gefühl: es sollte nicht.
Abgekürzt,
damit ich dort bin,
wo ich eigentlich nicht hingehöre.
Trotzdem liebe ich die Antwort,
wenn sie mit Steinen fällt
und die Mitte trifft, die ich nicht sehe
und mir die Kreise zitiert,
damit ich Mitte verstehe.
Die fremde Höhe füllt mich mit Schwindel,
ich frage mich,
ob Vögel den Höhentaumel kennen,
ich verneine es sofort, keine Fremde,
ihre Flügel wurden dort hineingeboren.
Die Morgensonne, rot,
ein Tropfen noch nicht in die Länge gezogen,
weil er noch nicht weint,
der kühle Wind, schon Herbst,
lindert das Fieber,
das mich jeden Morgen befällt,
wenn ich meine Träume berichtige,
die sich um wunde Stellen sammeln,
zum Frühstück im Dunkeln.

180. Frühstück im Dunkeln

Nächtliche Striemen auf graublauem Rücken,
stets mir zugewandt,
auf dem Weg nach Hause,
ich schaue zu spät nach draußen,
für etwas Abschied, noch auf dem Weg.
Auf meinem Fenster Atemhaut,
so dünn, dass ich darin zeichnen kann,
ein Auge, das klarer blickt,
vorbei an den verschränkten Armen,
die vor mir stehen,
die Ellbogen kratzend,
nervös,
weil sie nicht wissen,
ob ich weiter gehe,
gefühltes Glück,
heute fern,
nah was fehlt,
was ich ließ,
lassen musste,
im Müssen, liegt der Schmerz,
der nicht mehr eingeholt,
durch geschlossene Fenster ging,
wer ihm folgt tritt in Scherben.
Und doch ist dort nicht der Kräfte Ende,
auf den Parkplätzen gelöste Deckel,
manche glänzen golden,
man ist geneigt sich zu bücken,
vielleicht ist's doch eine Münze, verbogenes Glück.

Es ist kühl
und ich treffe eine Entscheidung:
zurück.
Dieses Jahr kein Meer,
doch die Bilder Vieler die dort waren,
bleiben wollten,
Sehnsucht ließen und den Wunsch zurückzukehren.
Entstelltes Schaukeln meiner Gefühle,
die Gemeinden gründen,
bei einem Frühstück im Dunkeln.
Ich drehe die Sitzfläche wieder hinauf,
bis sie den Ast berührt,
der sie hält, Holz an Holz,
dann lasse ich sie taumeln,
sich in die Tiefe schrauben,
bis es sich anders anfühlt,
wenn ich mich vom immerselben Boden stoße,
manchmal seh' ich die Nacht von vorne
und wie sie an meinen Träumen zieht.

181. Türme

Den Vögeln ein wachsend Turm,
einen Himmel für den Flug
und Pfützen gerade noch so tief,
dass sie darin stehen um ihren Durst zu stillen,
sich kühlen,
wenn die Hitze die Bewegung ins Erstarren zieht
und Katzen lauern,
denn sie wissen, denn sie wissen.
Schweigend die Gestirne,
die sich vermehren ohne Schrei,
keinen den ich hörte je,
als er sich aus seiner Hüll' befreite.
Ein Beben, wenn ein Stern erlischt,
in meinem Sternenbilde fehlt,
zurück bleibt nur sein Licht.
Er bat mich zu wachen,
an seinem Totenbett,
ihm die Lichterhand zu halten,
nach ihm zu sehen,
wenn sich Kräfte in Schwäche übermalen,
nanntest kein Datum, keine Stunde.
Als sich die Nächt' verdunkelten,
wusst' ich, es war zu spät,
ich stand nicht an deinem Bett,
das nun schwarz bezogen,
leer, dein Leuchten hinweggetragen.
Abschied nun in jede Nacht hinein,
gib ein Zeichen mir, bitte, sag,
das Späte ist noch nicht das Ende.

182. Nachtgeboren

Wolken leuchten Chrome,
polierte Geländer,
Regen gleitet,
näht grobmaschige Gewänder,
ich mag es, wenn du sie trägst,
dein Haar dunkler färbt,
es an dich drückt,
als wär' es kurz,
dir zeigt, wie es wär',
wenn da mehr Mut.
Spinnen flüchten unter Früchte,
lassen die Beute,
mit den Tropfen hüpfen,
vielleicht ist ein Rettender dabei,
nagt sie frei,
mit geputzten Zähnen,
klebrig die Reste,
auch in Gedanken,
die stets die Netzmomente nach vorne ziehen,
klebrig das Vergessen,
das gelingt,
Fäden spannt bis ins Jetzt,
manchmal lassen sich darauf Lieder spielen,
meist verstimmt,
aber stets nach Gefühl.
Dieser Wald ist Friedhof,
dieser Fluss ist Meer,

noch süß, in der Tiefe dann,
salzig, damit es überdauern kann,
weil's bleiben möcht',
unentdeckt,
das Nachtgeborene,
mit einem Mund,
der Wort ist und Kuss zugleich,
Trost und Verwunder,
erwachsen nie,
blühend, keimend,
verletzend und verzeihend,
auf den Gleisen,
Licht,
unverletzt,
doch genügend Staub um sich zu sorgen,
ob es sich nicht doch,
im Dunklen,
über Wunden beugt,
kann es manchmal sehen,
mit dem Nachtgeborenen Aug',
wo Wolken leuchten wie Chrom,
Schatten spielen Regenpantomie,
dir Haare zeichnen als wären sie kurz,
das Radio im weichen Rausch,
manchmal Stimmen pflückt aus Mittelwellenwelten.

183. Druckstellen

Holzlamellen,
Gräten meiner Läden,
Schatten steigen Stundenwärts,
bis sie mich bedecken.
Blutergüsse aus zerriebenem Licht,
sich weiterschieben bis zu Herzstellen,
die unerwartet schmerzen,
im Wachstum stets,
mich überleben,
wenn sich Tage wieder vor Monde schieben,
Entstelltes zeigen,
was nicht überwunden,
zur Hälfte nur gesunken,
ein schiefgewachsener Zahn,
der Oberlippen wölbt,
Worte verformt,
doch lässt, was ich in Liebe sage,
dankbar,
dass du weißt,
was ich meine.

184. Zeit

Tauben flattern mir durch's Bild,
das nicht mehr ist,
als Starren,
in der Nacht,
Träume wild,
das Gefühl,
ich habe kaum geschlafen.
Zeit gedehnt,
ich möchte sie zerreissen sehen,
mich vor ihren Splittern ducken,
ich weiß wie es ist,
wenn man getroffen wird.
In den Gräben,
mein Zuhause,
eingerichtet für das Leben,
unter Leinen voller Wäsche,
der Alltag eines Toten,
im Kugelhagel des Vergehens,
das sich auf Messerspitzen verteilt,
mit rostige Dosen zu verborgenen Quellen,
mein Blick gerichtet auf die Hügel,
aufgeschüttet,
über mir,
die unter Sternen wirken wie Dünen,
vor einem Meer aus Rätseln,
die in Formeln sprechen,
doch in Wellen mir entgleiten,
wenn ich nach ihnen greife,

Nachts, die Gelegenheit auf Friede,
Stille im Zeitverkehr,
die Fenster geöffnet,
ich höre das Rieseln von Erde,
jemand eilt über die Hügel,
versucht unentdeckt zu flüchten,
aus dem Auge der Zeit,
es bleibt beim Bemühen,
lautlos die Geschosse,
Treffer kaum zu spüren
und doch blutet es graue Strähnen,
Vernarbtes legt sich in Falten,
Vieles ergibt sich in die Schwere,
...sehe dich zu mir in den Graben gleiten,
dich einrichten neben mir,
deine Kleider hängen neben Meinen,
ein kurzer Gruß am Anfang,
dann geteiltes Leid,
wir erzählen uns unsere Leben
und vergessen dabei die Zeit.

185. Angelehntes

Ufertode stets,
damit das Meer sie nimmt,
wehrlos.
Die Bank steht schon im Schatten,
gestiftet von einem den ich nicht kenne,
den Blick auf's Meer gericht',
sein Herz aber,
wölbt sich beim selben Bilde.
Schwedenwinde,
wandern über meine Schultern,
sie hatten es nicht weit,
kühlen Lichterwärmtes,
was getragen wurde von weit her,
dort wo Sternenkühle herrscht,
sich Hitze auf dem Weg in die Wärm' verlor,
damit sie angenommen,
sich reglos legt auf uns,
keine Welle zu sich nimmt,
sie schwimmen lässt im Ozean,
nur ein paar Tropfen davon trinkt.
Zwischen dem Schilf ein paar Möwen,
ungewohnt still,
damit man ihre Brut nicht entdeckt.
Ein alter Kahn,
gebunden an einem morschen Pfahl,
wie ein ausgesetzter Hund,
er wankt als wäre er trunken von der Einsamkeit,
die Wasser in sein Inneres schöpft,

ob er sich wehrt,
oder sich wünscht er wär gesunken,
ich weiß es nicht.
Die Ruder fehlen,
rostig die Gelenke, die sie hielten,
ich ertappe mich,
wie ich ihm Gutes wünsche,
er vielleicht auch mir.
Mich sieht,
über meine Einsamkeiten gebeugt,
die ich aus mir schaufele,
um nicht darin unterzugehen.

186. Schwäne sind's nicht,

die dort schwimmen,
doch es ist schön,
ihnen dabei zuzusehen,
wie sie trotz Flügel,
das Wasser wählen für Ihre Wege.
Herzen dürfen,
was Gedanken zögern lässt.
Manchmal fange ich nachts an zu singen,
wenn da eine Melodie,
um mich an sie zu erinnern,
wenn mich der Schlaf,
noch einmal zurück in die Träume zieht,
wo Melodien erklingen,
singen, ein unendlich' Lied.
Es ist schön dort, wo du wohnst,
ich hab dich dort noch nie gesehen,
weiß, dass dort ein Leben ist,
das du zur Freud' erhebst.
Manchmal meine ich,
dich an meinem Ort zu sehen,
doch es ist meist ein Gedanke,
der verfrüht Gestalt annimmt.
Schwäne sind's nicht,
die dort schwimmen,
Enten vielleicht,
ich seh's nur aus der Ferne,
zur Nähe bin ich noch nicht gereift.

187. Kleines Schlösschen,

dort wo Mücken tanzen,
jeden Abend, vertraute Stille,
zirpend heut' ihr Klang,
ein Fluss mit enggezogenem Gürtel,
unter höher werdenden Brücken,
weil der Sommer Dürre brachte,
die Ruderboote blieben an den Ufern,
mit ihnen die Liebenden,
die nun vor mir schlendern, Hand in Hand.
Alte Bilder,
die in der Ferne Heimat fanden,
werden Sehnsuchtsnah,
ich erinnere mich,
was wir darunter schrieben,
statt i Punkte Herzen,
ein Versehen ist's nicht,
wenn es sich bis zum letzten Bilde hält,
das herausgetrennt,
das Papier zu kleinen Locken kämmt,
noch immer der Duft von Zuviel, Kleber und Gefühl.
Wir saßen nicht auf dieser Bank,
auch nicht auf jener Gegenüber,
doch oft seh' ich uns dort sitzen,
andere Pärchen unsere Rollen spielen,
manchmal ernster, liebevoller,
vielleicht wäre unser Bild dann noch dort,
spielten wir ihre Rollen
und auch die Herzen,
über allem was sich dehnt.

188. Stürme haben sich heut' verirrt,

wüten,
weil sie den Weg nach Haus' nicht finden,
kreisen fragend,
ohne Antwort zu erhalten,
blicken unter Laub,
ob sich dort ein Weg verbirgt,
der bekannt,
schon gegangen.
Noch im Mondenschein,
seh' ich sie durch Wälder wandern,
Äste brechen,
wo sie sich im Dunkeln stießen,
Reste ließen,
Hoffnung die verworfen,
auch im Flusse,
herausgeführter Schaum.
Viel Gerede,
erkannter Wille,
Verwertbares kaum.
Im Morgengrauen scheint's gefunden,
unter aufgehäuften Lärm,
unter rotgefärbten Steinen,
lesbar ihre Pfade,
am Ende,
doch die Heimat.

189. Degentage

Weißgespültes Holz,
erinnerst mich an Morgen...
Endlich Regen,
der fortsetzt,
was nie beendet,
Herbst ist, stets ein bisschen,
mir die Bücher lässt und den Schirm,
der sein schwarzes Auge spannt,
Pupille ist, die in den Himmel blickt,
sich verkleinert, wenn da Sonne ist,
mir ähnlich, in Statur und Mantel,
gehalten wird von deiner Hand,
wie ein Degen,
an Sonnentagen und bei Regen,
der Schlaglöcher füllt zu kleinen Seen,
deren Tiefe ungewiss,
sah darin schon manches Bild verschwinden,
das gemalt mit schnellem Strich,
Sorge trägt nur für sich,
sich mein schwarzes Auge wünscht,
damit er nicht verschwindet,
Loch wird für ein Stolpern,
für jene,
die ihr Auge nicht an einer Leine führen,
sich daran halten,
an unbestimmten Stunden
und ich aus selben Gründen,
deine Degenführende Hand,
suche.

190. Spiegeltauchen

Schmerzen sehen,
in ihrer Umgebung,
die selten lächelt,
lächelt nur,
wenn sie geküsst,
sich selbst vergisst,
in erniedrigter Zeit,
die nichts mehr möcht',
weil sie alles hat,
auch das,
was so merklich welkt,
in einem stets gegossenen Garten.
Und wenn du bei mir bist,
ganz ungeteilt und duftest nach zerriebener Blüte,
so ist es wichtig,
alles was anders ist, verwandelt,
in störend bieder.
Mir sanft bist,
was weiter als bis zum Herzen reicht,
bis hinter des Schmerzes Spiegelbild,
dort, wo es sich rahmt,
ist die gefährliche Stell'
und wir beissen auf unsere Lippen,
damit kein Wort entrinnt,
wenn wir unter seinen Rahmen tauchen,
hinausschleichen aus dem Bild,
das einschließt was mit dem Schmerze leidet.

Einfarbig ist's dort,

schwarz die Kanten,

damit man sich nicht unnötig stößt,

s'ist nicht leicht hinauszufinden,

grünmeliert, wie giftige Nächte,

doch leicht ist's zu sehen,

was anders ist,

es spürt sich so verschieden,

zu dem, was grüne Enge ist.

Wir sitzen dort am Steg,

vielleicht ist er gebaut aus Träumen,

er reiste mit,

bis ans versprochene Meer,

das sich nun nicht mehr teilt,

was schmerzte,

hinter mir.

191. Herzwölben

Im Moos noch der Regen letzter Tage,
aufgesogen,
einbehalten,
goldene Tropfen welkenden Licht's,
das den Herbst noch sah,
Tränen sind's.
Schilf das Klänge ritzt,
im Vorübergehen des Windes,
den Schwänen bindt' ein sicheres Versteck,
für die kalte Hand des Winters,
der berühren möcht',
alles Fremde,
wie ein Kind.
Befreit von willkürlich' Gedanken,
steig' ich hinab in der Wälder Fluten,
bis sie mich umspülen,
durchtränken,
bis mein Seelenmoos es saugt
und sich mein Herz darunter wölbt,
wie feuchtes Holz,
das knistert,
als wär's Feuer,
das sich Aschewege sucht.
Ein Lodern nur in meinem Herzen,
eine Jahreszeit,
die nirgends aufgeführt,
mich lädt zur Frucht und zum Durste,
Erntedank in der Anderswelt.

192. Ähnliches anders,

Schnee auf den Bergen,
es ist September, Erster!
Ich in Daune,
vermisse Menschenlose Hügel,
die sich in die Weite verzweigen
und den Duft von Kartoffeln,
die ehrlich sind, befreundet mit Wort und Butter,
bei Kartoffeln muss ich reden,
die lange Zeit unter der Erde verlangt nach Licht.
Zwiebeln dazu und etwas Salz.
Früher gab's dazu auch Fisch,
aus dem Glas oder mit Joghurt
und Dill aus einer Plastikdose,
später waren darin Stifte oder Reste von Wolle,
ein Platz in der Schublade über Jahre.
Die Aussicht ist jetzt eine andere,
ähnlich anders,
der Schreibtisch und auch die Dose
und die Liebe zu Kartoffeln,
die roten Finger nach dem Schälen
und der schmierige Topf.
Draußen das Meer und ein Sturm, einer von vielen,
noch ohne Schnee aber vielen Tropfen,
die nicht geweint, herübergetragen,
vom Meer ans Auge,
salzig,
wie die kleingedrückten Kartoffeln,
die Erinnerung sind,
an ungeschriebene Poesie.

194. Schwimmen

Im Walde klingt's wie am Meer,
als streift' der Wind zuweilen Wellen,
Blätter applaudieren,
ich steh' nicht am Ufer,
in Gänze steh' ich in einer Mitte,
halte mich an ihrer Stille,
würd' sonst untergehen,
Laubtropfen regnet's auf die Schultern,
wie einen Freund zieht's mich tiefer,
in Erstgesprochenes,
was Götterzungen ließen,
damit's dem Herzen leichter,
wenn's nicht mehr nach Hause findet.
Sich verschwendet in Dinge,
die sich verschwenden,
unwiederbringlich,
manchmal möcht' ich bleiben,
weil's so ernsthaft zu mir spricht,
mich erträgt mit meinen Tränen,
worüber die Welt nur lächelt.
Weil sich's nicht hält an ihrem Troste,
vorübergeht,
bis an jene Ufer wo Meere schlagen,
aus denen wir einst stiegen,
erinnern uns nicht mehr zu schwimmen
und wollen doch Flügel
und es mahnet mich an Gräbern wo Blumen liegen,
die niemals wuchsen dort.

...dem Fische noch entstiegen
und doch dem Menschen blieben,
den die Lieb' bewohnt,
ich bet', sie ist noch dort,
wenn wir dem Menschen einst entflohen.
Schön,
schön
und doch leidend,
in ihm schläft und tritt das Neue.
Meine Träume nur,
nehm' ich mit,
sie erzählen mir manchmal noch vom Schwimmen.

195. Stühle

Am Ende eines Gebetes,
stets sein Kern,
ich möcht' es hoffen,
mit dem Herzen hoffen,
das Gegenteil von Welt.
Laternen,
beklebt mit abziehbaren Parolen,
Telefonnummern,
auf abreissbaren Tasten,
auf denen Wünsche spielen.
Ich mag es nicht wie man Frieden schreibt,
stets fehlt ein Teil,
der Sätze offen lässt,
ich würfel noch einmal
und noch einmal,
bis die Augenzahl,
mich nach Hause führt.
Am Monde hängt noch Nacht,
bleiern sein Gesicht,
im Alten ist mein Zuhaus',
im Neuen find' ich mich nicht.
Nicht zu weit zurück,
dorthin,
wo ich schon mit Füssen stand,
diese Härte,
diese Schönheit,
ist mir bekannt.

Am Ende eines Gleises,

Bebautes,

was die Fahrt vergessen lässt,

ist's Heimat oder ein weiterer Stuhl,

den man entfernte,

bis am Ende Jerusalem,

ein Ort mit Beschaffenheiten,

die Landeinwärts ziehen.

Ein Fetzen Brot für die Reste auf dem Teller,

dort wo sich Aromen sammeln,

für etwas,

was mich überfordert,

weil ich keinen Überhang schmecke,

es mundet,

ehe es gedacht

und wieder in seine Teile zerlegt,

am nächsten Tag,

wollt' ich's wiederholen,

doch der Zufall gelingt mir nicht.

Im Hinterhof meiner blauen Augen,

stets der Wunsch nach Rückkehr,

Tauben vor dem Fenster,

so groß wie Krähen,

es genügen Reste um ein Leben zu nähren,

der letzte Stuhl,

besetzt,

ich setze mich daneben,

es ist nicht dasselbe,

aber es ist Nähe.

196. Herbstschaun

Das Eigentliche schon abgelegt,
Reste und doch so schön,
ein Walzer, den ich tanzen lernte
und doch aus dem Takt gerate,
wenn ich zähle.
Es mag noch einmal blühen,
wenn ich auf das Gelb der Blätter blicke,
Alterssträhnen,
nachgefärbt,
Winderzählungen,
die selbe Geschicht' mit verstellter Stimme,
mal flüsternd, mal grollend,
aber immer so,
dass ich jedes Wort verstehe.
Ein Vollmond war's die Nacht,
ich hör' die Kinder davon erzählen,
zu hell für Träum' und Schlaf,
ein Fenster offen für Spukgeschichten,
die nicht erzählt, erdacht,
bis in den Morgen führen,
wo Äste nicht mehr ans Fenster klopfen,
Knorpelfinger,
über die keine Ringe passen,
oder sie sind schon eingewachsen,
von all den Jahren,
die Schrecken brachten.
Sichtbar sind's im Tageslichte,
alte Damen, alte Herren,

die sich im Sturme wiegen,

tanzen,

die Schritte nicht verlernten,

um nicht im Sturm zu brechen,

der den Tanz schneller will.

In meinem Haare eingeflochten, unbemerkt,

Schmuck,

den sie danebenlegten,

ablegten,

für das weiße Bett,

das frisch bespannt,

am Ende eines wilden Tanzes wartet.

196. Malkasten

4 Tagebart,
mein Spiegelbild,
kein Versehen,
durchleuchtet von den Straßen,
die heute mit mir ziehen,
Schienengerade über Brücken
und durch Häuserengen,
ich bin noch nicht Tag,
kenne nur seinen Rahmen,
nicht das Bild,
was er heute malt.
Herbsttöne,
ich sah den Pinsel schon darin tauchen,
den Himmel im reinen Blau,
die Sonne vielleicht mit einem Lächeln
und Pausbacken,
wie sie Kinder sehen,
eine Bahnfahrt mit Verspätung
und ein Ankommen,
das jedes Bild stets füllt,
in anderen Farben,
manchmal ist dort ein Meer,
manchmal ein Wald,
manchmal Stadt,
oft alleine,
manchmal warten Arme,
die um Einsamkeiten greifen,

sie für einen Augenblick zu sich nehmen,
wie der Fensterblick,
wo das Auge beides sieht,
Außen, Innen und doch nur das Eine,
wenn es sich darauf konzentriert.
Vollendet ist es nie,
nicht signiert,
auch der Firnis fehlt,
manchmal wird's nochmal verändert,
wenn die Erinnerung mit den Farben spielt
und den Pinseln,
die ganz offen liegen,
zu der Bewegung verführen,
die schon Welten schuf.

197. Mögliche Höhen

In 2 Stunden Abfahrt,
schon jetzt eine halbe Stunde Verspätung,
die Koffer gepackt,
den Müll nach draußen gebracht,
Blumen gegossen,
mehr als sie vertragen,
es sind ein paar Tage,
die ich fehle.
Zwei Bücher stets dabei,
keines beginne ich zu lesen,
vor dem Fenster so viel Welt,
Selbstportrait im Vorübergehen.
Dann seh' ich Schwalbenflügel,
sie werden folgen,
silberleicht,
verkünden sie eine tröstende Lehre,
die Himmel ist und so ehrlich heut'
und so leicht, so leicht,
kompliziert nur,
wenn ich ihn mir erdenke,
vergrößere mit Eigensinn.
Alles Bleibende,
sich selbst erkennend,
bis es Schönheit ist,
die man spürt,
weil sie sich kniet,
ins Herzparterre,

Aug in Aug und doch größer,

legt sie sich auf die Seel',

damit sie erklimmt,

mögliche Höhen.

Und die Schwalben kreisen sich zu Monde,

bis sie verschwinden,

in den Süden

und mir einen Mond hinterlassen,

selbstgezeichnet,

ausgestochen,

aus schwarzem Teig,

damit ich die Nacht zu Ende fühle,

es fühlt sich soviel leichter,

wenn das Gegenüber nicht das Spiegelbild,

das noch flattert,

von der langen Fahrt,

die auf mich zielte,

aber mich verfehlte.

198. Pferd im Schatten,

halb Tier,
halb gedacht,
verwendet meine Vorstellungskraft,
für seinen Weidegang,
Kastaniengrüße,
ausgelegt auf einem Teppich aus Geröll,
scharfkantig und doch zart zu Schatten,
die sich dort sonnen,
ohne sich zu verfärben,
bleiben Haut,
bleiben unversehrt.
Erreichbar für die Abendröte,
die denselben Weg wählt.
Und ist dieser aufgebraucht,
so lässt sie doch so viel,
dass der Weg zurückgegangen,
bevor aus Nebeln tauchen,
unerlöste Geister,
die sich mit Tau vermählen,
schweigend sind, ohne Worte
und doch den Ängsten von sich erzählen,
vom Bleiben und vom letzten Gruße,
der auf Erden keiner wurd'.
Pferd aus Schatten,
in Träumen oft geritten,
verworfen dort der Gedanke,
ich könnte fallen.

199. Morgengewitter,

Laternenaugen, gerötet,
sie starren auf den Boden,
Nachtsüber, auch in mein Fenster,
durch einen Kastanienbaum,
der sich in den Winter häutet,
mit Kugeln wirft,
die brechen,
Stachelscherben mit Holzmurmeln,
die runzeln,
als lägen sie zu lange im Wannenwasser,
mit mir altern im Zeitraffer,
in meiner Jackentasche noch Murmeln
aus dem letzten Jahr,
zwischen Handschuh und Mütze,
der Winter war sehr mild.
Es regnet Sinfonien,
2 Sätze, ruhig und wild,
ohne Zeitangabe,
das Metronom, abgestellt.
Ich flüchte mich in einen Anfang,
Lieblingsfarbe Abschied,
zähle trotzdem,
bis ein Licht mich in meinen Gedanken unterbricht,
lauter spricht,
als vertraute Argumente,
lebensrettend manche Unhöflichkeit,
mit ihren zugewandten Messern.

200. Bevorzugt Rosensträucher

So Vieles was nicht das Meine,
doch seine Schönheit fällt mich an,
Stürme vermachen mir ihre weite Wehe,
die mich eratmet zwischen Geburt und Gehen.
Auf die Sterne gelegt ein Finger,
der sie täglich zählt,
die Unmöglichkeit als Alternative wählt,
wenn Wege ins Nichts verschoben.
Mein Herz bejaht's,
mehr noch als die Sonnenworte,
die mich blenden,
ohne vorher Weite zu erkennen.
Manchmal verloren vor Glück,
was so anders ist,
als von mir selbst bestimmt.
Im Regen noch Ernte,
losgelöst,
einsamer Vogel,
Reime suchend,
bevorzugt Rosensträucher.

201. Am Rande des Vergessens

Über uns Lichter,
die nicht von uns entflammt,
es atmet sich Atem,
der uns möchte
und ein Geheimnis,
in seinem Schweigen streng verwahrt.
Es deutet auf zwei Welten,
staunend,
abwärts zwei Momente,
Zweifel und sein Widerspruch,
wenn wir von uns erzählen,
Federn auf dem Weg,
nicht aus Katzengründen,
vom Fluge nicht verschont
und nicht von Unten,
beides niemals auserzählt,
aber von nächtlich' Farben sanft vertont.
Manchmal pfeife ich noch ihr Lied,
wenn ich erwache,
in der Fremde von Freigefühltem,
die Schwere die man mir erließ,
hinterhergedacht,
ob sie mit mir die Nacht überlebte?
Sie ist und ich mit ihr,
am Rande des Vergessens.

202. Das erschöpfte Ich,

dem man bis auf die Rippen sieht,
wo sich das Herz bewegt wie ein Ungeborenes,
im Jahreszeitenwechsel,
neue Kurzatmigkeit,
Stürme, die gegen mich drücken,
unhöflich, den Weg beschneiden,
mich mit Laub bewerfen und Eicheln,
als säßen sie in der letzten Reihe,
dabei kichern und doch so tun als sei nichts gewesen.
Meine Stirn, Tropfnass,
meine Brille,
Einmachglas für sauren Regen,
der mit meinem Blick Weite verhandelt.
Du sitzt mir Gegenüber,
oder auch nicht,
eine Silhouette, die deiner entspricht,
ich lächle mal pro forma,
bevor ich Tropfen in ein Taschentuch tupfe,
die meinen Augen zu starke Linsen sind,
nicht auf Nähe eingestellt.
Ohne Brille bin ich fast blind,
seh' nur einen Schatten,
der einen Kleinen hinter sich zieht,
die Straßenbahn verlässt,
am Kirschberg,
der weder Berge noch Kirschen trägt.

Ich seh' nur noch einen Rücken und dein Haar,
das mit dem Sturm ringt,
ehe es der Regen niedertritt,
wenig Kirchen hier,
mir ist nach beten,
ich wähle jene,
die mir am Nächsten,
dort wo sich die Rippen kreuzen
und sich Ungeborenes bewegt,
wenn man es bei seinem namenlosen Namen nennt.
Die Hand dran hält
und erschrickt,
wenn es die Hand an meine legt
und klopft,
als wär' ich eine Tür,
die angelehnt nur,
auf dich wartet.

203. Geflochten zu einem Kranze

Ich seh's noch in meinem Morgenauge,
den Schwalbenwinkel Richtung Süden,
den Winter nahen,
in Schuhen,
Herbstbeschlagen,
die knistern bei jedem Schritt,
dabei Federn sammeln,
bis sie wieder Flügel.
Worte, wenige nur,
gebunden,
zu einem Kranze,
den man über Pfähle wirft,
wo Stille aufgemalt,
die nicht erbracht und doch gewollt,
ich treffe nicht,
ich steh' zu nah,
für diesen Kusse,
der erste Schritte übt,
an Wänden,
ehe die Weite ihn zum Werden lädt.
Krähenantwort auf meine stillen Fragen,
die ich über Pfähle werfe,
geflochten zu einem Kranze.

204. Waldgeister

Waldgeister leben im Flüster,
ich sah sie tanzen Herznah,
sich meiner Seele nähern,
mit tausenden Geschenken,
in liebsten Farben eingefärbt,
ich stoß' mich ab vom Beckenrand dieser Welt
und schwimme über jenen Grund,
der mir dieses Meer hält,
damit ich diese Strecke überwinde,
halb schwebend,
halb stehend,
für ein halbiertes Ich,
die Sonn' noch gefangen von den Nebeln,
sie ist den Geistern ähnlich,
die sich durch einen Willen nur vermehren.
Die Luft Herbstgewaschen,
gerieben über rostig Bretter,
strömt tiefer als der Sommeratem,
erwidert meine Seele,
die sich verformte an lauten Tagen,
nun singet was ihr gegenüber,
im Walde und im Tiere auf sie wartet,
die belebt noch vor dem Schöpfungstage,
als der Mensch noch nicht Gedanke.
Märchen leben hier und Sagen,
alle gefühlt und wahr,
auch der Wunsch dir zu begegnen,
dort wo sich Geister Geister nahen.

205. Schmetterlinge im Winter

Der Versuch den Stein zu wärmen,
damit er sich fühlt' wie an einem geborgen' Ort,
er möcht's nicht nehmen,
bleibt in seiner Kälte die ihm angeboren,
ein Kiesel auf meinem Wege,
er ist mir vorher nie aufgefallen,
leuchtend weiß,
als wär's ein Ei,
gefallen aus dem Neste.
Ich nahm ihn mit auf meinen Reisen,
in meiner linken Herztasche,
ließ ihn durch die Finger gleiten,
als wär's die große Perl' im Rosenkranze,
ach er schwieg,
begann sich nur zu schleifen,
bis er glatt wie Mundgeblasen Glas,
nie blickt' ich in sein Inneres,
vielleicht eingeschlossen etwas Eis,
was nicht durch Menschenwärm' tauen möcht',
von etwas mehr Lieb' vielleicht,
von etwas mehr Lieb' vielleicht.

206. Zwischenwelten

In meinem Herzen zieht's die Runde,
mein Bitt' ist bei dir,
eine Feder uns zum Bunde,
schenke mir.
Keine, die ich suche,
gepflückt in dem Moment,
als ein Flug noch nicht Sturz.
Es überwuchert mich,
wie ein Nest,
das man in die Höhe steckt,
damit es Schale,
zweiter Mutterleib.
Der dunkle Teil des Tages,
der die Himmel salbt,
damit die Nacht von ihnen gleite,
wenn ein neuer Tag bereit.
An den Ufern noch die Not von Heimat,
Umkehr stets an den Steg gebunden,
seh' sie schwanken,
sind noch Welle,
noch nicht Meer.
Eine Feder uns zum Bunde,
vor dem Zweifel noch gefunden,
abgelegt auf dem Wege,
der noch nicht gegangen wurd'.

207. Gelehnt an meinem Atem (Für Jane)

Schnee fällt mit Perlenflügel,
undeutliche Splitter eines Spiegels,
der geöffnet nicht das zeigt,
was in mir ist.
Wolken,
dazwischen rauchgefärbte Himmel,
die nicht Anfang sind,
Enden säen,
aus großen Körben,
auf die Erde,
in die Erde,
auf der ich stehe,
die Blumen zeichnet,
Regen nimmt und Blut,
Heimat gebiert,
ich spüre wie sich mein Herz ausbreitet,
auf meine Lunge drückt,
mir den Atem nimmt,
wuchert zu schwerer Größe,
damit es sich mit Heimat füllt,
wenn ich gehe,
oh Vögel, segnet mich mit euren Schatten,
ihr geht vor mir,
ihr kennt das Meer und woran es stößt,
Ufer gräbt für jene,
die schwimmen.

Meine Wälder,

werdet nicht zu Holz,

es schütze euch,

meine Tränen,

die ich sammelte für Abschiede

und Willkommen.

Wenn ich die Augen schließe,

dann ist es noch so,

wie ich es in Liebe ließ,

ausgebreitet in meinem Herzen,

das an meinen Atem stößt.

Was es diesmal zu erfühlen gibt: